U0033732

回到家庭去

柯惠鈴 —————— 主編

婦女職業
問題討論集 下
(1933-1945)

Kinder, Küche, Kirche
Dispute about the Women's Work Right, 1933-1945
- Section II -

導論

柯惠鈴　中原大學通識教育中心教授

一、本書史料的蒐集編纂

　　時至 21 世紀的今天，關於婦女是否應加入職業勞動行列，已非爭議性的社會問題，時人更關心的是男女工資間存在差距，這是全球各地普遍共有的現象。

　　以美國為例，1939 年，羅斯福總統任內（Franklin Delano Roosevelt, 1882-1945），一部稱頌女性自力更生，不依靠他人的電影《飄》（Gone with the Wind），被授予最佳影片獎，當時男、女工資比是 1 美元對 63 美分。1985 年，時隔近 40 年，美國人口統計局所公布的男、女工資比是 1 美元對 64 美分，改變幅度顯然極小。惟 1985 年美國職業勞動市場女性佔比已高達 45%，許多過去向由男性獨佔的行業，如工程師、醫師、公共汽車司機，如今都有女性身影。不過，男女從事同一工作，同工不同酬的現象始終牢不可破。學者針對美國盛行男女同工不同酬，提出許多解釋。舉其要者，即因女性大多數是家庭的「輔助」掙錢者，且需分心照顧家庭，雇主理所當然壓低女性的工資。其次，婦女的工作被視作不需要什麼專門技術，這種偏見使得女性所得薪酬較男性同職位者低。最後，女性就業人口集中於幾類工作行業，如祕書、打字員及護士，如此造成工作「女

性化」的刻板印象，工資跟著固著。

20 世紀美國婦女職業問題的變化脈絡，提醒吾人婦女職業問題不只具有歷史的根源，還有現實的意義。時至今日，研究近代中國婦女職業問題不也是處於「他山之石，可以攻錯」的有利時機？也就是說，過去的 100 年，從清末民初維新派梁啟超提出女子分利生利說，到臺灣喧騰一時的家務勞動有給制應否形諸法條的爭議，其間，婦女職業在歷史中往復討論已千轉百迴，許多爭議焦點及答案，曾經多次在歷史中閃現，尤其是五四之後的 1930、1940 年代，在全球化浪潮籠罩及緊隨的戰爭破壞煎熬下，許多當代婦女職業爭議其實早有了前例可尋。

論近代中國婦女職業研究資料，已出版的，包括張玉法、李又寧編纂的《近代中國女權運動史料，1842-1911》，該書所收資料涵蓋清末民初；接續其後，比較知名的是梅生編輯的《中國婦女問題討論集》，所收資料集中於 1920 年代。為補充與銜接這些已出版的婦女職業問題資料，這本「婦女職業」問題討論集，所劃出的時間跨度便從 1930 年代推衍至 1940 年代。回顧目前婦女職業研究成果，過去因未見戰前與戰時的資料集出版，故而降低這段歷史時期婦女職業研究形成焦點的機會。這本問題討論集的另一目的，便是寄望藉著專題資料選集出版，以通貫性的方式，檢視 20 世紀中國婦女職業歷史歷經開創、轉折、匯流、分化的曲折過程。

既為補充與銜接婦女職業問題研究，故這本史料集，主要關懷的便是在五四波瀾壯闊的女權提升浪潮

後，婦女職業討論走入 1930 年代至 1940 年代，即抗戰
爆發前及戰時，其變化的主要方向及內容是什麼？而種
種變化既上接五四，復又下啟 1950 年代海峽兩岸婦女
職業的各自發展，不論就通貫性的理解，抑或呈顯特定
時代的斷續轉折，這本史料集皆立基於能提供新思考、
新視野的編纂目標之上。

　　為達上述目的，本書所收報刊資料範圍便仿照前輩
學者，儘可能加以擴大。所收報紙，力持涵蓋中央及地
方；期刊方面，主旨是「兼容並包」。有見於 1930 至
1940 年代，報刊出版蔚為百花齊放，各種不同報刊在
婦女運動、婦女問題上，也自有鮮明立場，是以廣收多
元看法顯然必要，如此是為避免研究時，有掛一漏萬之
虞。再者，研究者普遍深信，任一討論女權問題的文本
所流露的訊息，絕非只具單一面向，所以無論以何種方
式對文本進行分類，都可能帶著先入為主的偏見。幾經
考量，編者最終採擇依時間序列編排呈現史料方式，以
凸顯史料緊扣時代變化的研究取徑。

二、抗戰前的婦女職業問題──全球化浪潮

　　本書試圖從中外學界現有的研究成果中，以「婦女
職業」為研究主題，形成專門性研究的史料彙整，藉此
提出一些新研究角度，要旨是新研究角度能「發前人所
未發」、「言前人所未言」，最終，將抗戰爆發前及戰
時的婦女職業，放入 20 世紀中國的女權發展中，予以
通貫性的詮釋與理解。

　　戰前，關於中國婦女職業的言論，逐漸浮顯出時代

變化的足跡，較顯著的是和全球接軌的時代趨勢已現。簡言之，1930 年代中國婦女職業問題受「全球化風潮」激盪，顯示了其與 1920 年代婦女職業問題環繞著破除封建舊傳統、介紹新思潮，乃至與革命攜手並進的情況，大不相同。婦女議題和全球接軌的一個具體徵象是，1930 年代中國婦女職業的討論，和其他各類女權爭議相較，關注此問題的文字占據報刊雜誌篇幅最多，堪稱是歷久不衰的社會議論焦點。追溯討論熱潮起始，正逢全球經濟大蕭條及德國希特勒政權登場伴隨「婦女回到家庭去」口號響徹雲霄之時。面臨兩股力量相激相盪，由世界撲向中國，力道強勁，激起沿海城市智識階層對此作出迅即回應，其特點已不是「西風東漸」而是「納世界於中國之中」了。

五四掀起女權保障的滔天巨浪，1930 年代續承其緒，進一步的改變是「女權」走入實際社會，輿論更加關注男女平等如何真正達成。於是婦女經濟獨立、職業機會平等與社會現況聯結，引發不分男女的知識分子暢所欲言，熱烈參與討論「婦女職業」問題。1930 年代以來，沿江沿海城市持續穩定發展，百業俱興，工商業力量蓬勃上升，女子走出家庭、走入職場，自然而然便超越五四呼喊「娜拉」出走所側重的精神覺醒，許多言論轉而強調「物質生活」與婦女獨立的關聯性。更明白的說，婦女職業討論所重者，是資本主義體制下的社會，是否要有男女能力之別與職業之分，這類問題的提出，智識婦女因事關切身，尤多關注。報刊上林林總總的言論，對婦女職業問題自是看法不一，立場相異，紛

雜多元，引人入勝。

　　要言之，1933 年左右，婦女職業討論出現重要轉折，爭議的重點轉向檢討女性就業是否對男性就業形成競爭關係？以及女性職業對家庭經濟是否提供幫助？這些問題的討論，不免涉及到中國「落後」的「次殖民地」地位。部分有識之士提出歐美先進國家婦女職業問題的產生與解決，與中國所面臨的困難，本質上有所不同，實難亦步亦趨借鏡，故要解決中國婦女職業問題必須正視中國眼前現況。 綜觀這些婦女職業問題言論，其內容又日漸與「婦女解放」結合，考慮的問題漸由智識階層擴及到社會其他階層的眾多婦女。際此，五四的「娜拉」重又登上婦女職業論域的舞台，且被賦予新的時代樣貌，亦即新登場的「娜拉」具有自謀生活的能力，不只在精神上獨立自主，物質上也不仰賴男人，明言即是一位從裏到外、從精神到物質都獨立的女性。1920 年代進入中國的「娜拉」，與時俱進了，她再次成為鼓舞婦女追求職業的「外來女性」，1935 年順勢叫做「娜拉年」。

　　「娜拉」一登場，婦女職業與婦女解放更加緊密結合，其影響是討論婦女職業擴及婦女教育、婦女家庭責任、母性的優勢與劣勢等問題，包羅範圍甚廣，各種爭議分歧也更加顯著。不過，就在各方爭論婦女職業與婦女解放該何去何從，矛盾困惑方興未艾之時，傳來希特勒宣告「婦女回到家庭去」的主張，這不啻為婦女職業問題投下一枚重型震撼彈。原先的婦女職業與婦女解放爭議，加入「婦女回到家庭去」議題，三者混融，使

婦女職業問題漸趨集中討論婦女如何在職業與家庭間做出選擇？再進一步則探討「母性」是婦女應受重視的天份，還是捆綁婦女才能的金箍咒？更激烈的言論，則直言痛訴母性其實是男權壓迫婦女的根本依據和來源。對婦女身受職業與家庭兩重負擔的關注，又引發「賢妻良母」為適應時代要有新內涵的論戰。隨著 1931 年日本侵華腳步日亟，「賢妻良母」關涉國家力量興衰，使得婦女職業、新賢妻良母論與救國保民日漸合流，這個爭議實已開啟戰時婦女職業討論的先聲。

　　包括共黨在內的左派言論，在 1930 年代婦女職業問題討論中，另有分殊的脈絡可尋，其言論承襲五四時即眾口咸稱的：「經濟是一切婦女問題根源」的主張。1930 年代循此脈絡，推衍出所有婦女都要有職業，立場始終一以貫之。左派認定婦女應有職業，他們奉蘇聯經驗為圭臬，力持兒童公育，鼓吹社會應致力興辦托兒所、公共廚房以助婦女解脫家務負擔，一言以蔽之，婦女應就業，乃有依靠理想從而簡化中國社會實質艱困，改革難圖之嫌。值得注意的是 1930 年代，智識階層討論婦女職業問題，隱然浮顯了蘇聯模式對上希特勒德國模式的選擇，以女權保障的未來前景來看，顯然智識階層「親蘇」者較「親德」者多。

　　以上所述，提醒研究者在細察資料時，或許可以不只關注什麼主張是什麼人所說，或是什麼樣的立場是彼此相詰的。若能再深入一步，挖掘諸多文字的「言外之意」，例如解釋 1930 年代城市社會經濟與男女職業問題爭議的軌跡，有著什麼樣的辯證關係？又或 1930 年

代「全球化浪潮」對中國婦女職業問題去向的影響為
何？也就是，如何能在更大研究架構中提出婦女職業新
問題，此一思考是本資料集編纂時所依循的方針。

三、戰時的婦女職業問題——家國重負

　　本資料集的第二部分，所重者是對日抗戰八年，報
刊上諸多討論婦女職業問題的資料，能否與抗戰史其他
領域目前已得的豐碩成果結合，從而導出婦女職業問題
的新觀點與新解釋。

　　1937 年，中國對日抗戰爆發，隨著戰局演變，東
南半壁河山漸次淪入敵人之手，家庭破碎已成現實，廣
大婦女也難安居，尤其是是經濟情況漸走下坡，婦女職
業問題由大局勢的抗戰救亡、民族解放，降及個人的衣
食溫飽，補添收入的追求，其議論的各自觀點與立場，
自是比戰前要來得激烈。戰前的爭議雖還延續至戰時，
但戰爭的環境迫使諸多議題在社會中發酵，衍生不同變
化，其結果是單從「女權」觀點研究戰時婦女職業問
題，已難窺這一問題的全豹。

　　「婦女佔人口半數」，這個說法在戰時報刊上，隨
處可見，惟此一說法並非重在人口計量，它提醒當時人
們，「婦女」是戰時中國人力、物力動員的重要對象，
而如何調遣婦女這支人力大軍，是鼓勵她們留在家庭育
兒持家呢？還是開放各種職業，讓婦女填充各種工作崗
位？便成為各方論辯不休的重要戰時社會議題。過去學
者對戰時婦女職業問題的研究，多半較關注「女權」提
升或下降，現今的研究則可拉大視野。

　　近幾年來，有關抗戰時期軍事、社會、文化各方面研究，積累了相當豐碩的成果。略舉其要，有關抗戰時期「人民苦難」的研究，提出一個重要觀察，即戰爭中一般人作選擇的動機與其行動表現，面目複雜，尤其是不同社會階級所擁有的、可運用、可迴旋的資源多寡不同，面對戰爭苦難，遭遇更是此殊彼異，研究戰時婦女職業問題，顯然不能忽略階級與苦難這個視角。再者，戰局逐年變化，每一年，隨軍事態勢、國際外交的條件不同，國民政府乃至地方政府都有不同的政策因應，「行政」與「社會」的連動，也是新的研究面向。總之，對戰時婦女職業進行研究，顯須納入戰時環境、婦女職業、抗建工作、家庭處境、階級差異等各種因素，否則對戰時女權的升降解釋便可能流於一廂情願。

　　以過去學者曾十分注意的案例來說，1939 年，郵政總局及海關公告停止招聘女職員，引發婦女界反彈，知識階層女性同聲一氣，釀成女權爭議的一場軒然大波。今日，若不再侷限於女權觀點，而改採「戰爭與社會」這個角度來重新詮釋，其面目是否不同？更進一步說，當時中央及地方各級機關首長，不無陳明戰時行政的各種困難與窘境，裁汰女職員出於「行政理性」的考量，言之鑿鑿。此一措置，卻被認為截斷五四闖出的婦女解放之路，申援女權的言論，抨擊此種作法是「保守」、「後退」，顯然也言之成理。過去的研究，向來較看重後一種由「女權」出發的主張，忽略戰局變化中的女權爭議其實不是「紙上談兵」，而是「社會裂解」的一類線索。換句話說，遷至大後方的國民政府，漸受

軍事、內政、經濟、外交困難局面壓迫，在資源告罄下，對婦女職業作出必要選擇和處置，無非是不得已的救急手段。若只以女權研究視角切入，便難見戰爭的全般破壞，又或是戰爭萌芽的「建設」，如何改造社會、改編女權乃至改變個人。

總之，戰時婦女職業問題千頭萬緒，或許戰爭環境下，女權的伸張本就注定崎嶇曲折，迢迢難行，研究自然也理應是百家齊鳴。

四、餘論

婦女職業問題的爭議，可說與抗戰相始相終。戰爭行將結束時，輿論出現保障與提倡婦女職業即等同提高婦女地位，此一說法在左派闡釋下，漸成政權開明民主的指標。顯然，婦女職業討論染上政治色彩，這對戰時早已焦頭爛額的國民政府，無疑是道催命符。戰後，兵荒馬亂，左派言論占盡上風，他們秉承一貫爭取婦女要有職業的立場，在強調兒童公育、公共食堂等溫和社會改革主張之外，更強烈批判廣大婦女失業的社會現實，所談已涉及政府改革的失敗，激烈議論搖撼國民政府統治聲威。

戰時、戰後的變化，呈顯婦女職業討論從來就是近代中國女權發展變遷的一個重要部分，女權保障政策與措施，不是社會改革的一個邊緣問題，相反，在政治論域中，尤其是戰爭結束前及戰後，婦女職業已上升為區辨國、共兩黨「開明與否」的標的。彼時，兩黨對此問題取捨相異；往後，婦女職業開展局面自然分殊。

　　可比較的是，進入 1950 年代，海峽兩岸執政當局，對「婦女職業」有不同政策立場，他們從戰時經驗中汲取「教訓」，從而端出不同政策，說他們根源相同，道路分歧，應不為過。臺灣由蔣宋美齡領導的婦聯會，在國難邦危下，動員婦女穩住家庭，家庭優先，行有餘力才顧及社會服務，諸多婦女的「餘力」集結，拓出事業之基，究其實，當時中央對婦女職業的態度可謂保守滯緩。中國大陸的社會主義建設則是號召婦女人人需有工作，憑此擴清舊社會蔑視婦女的遺毒，新政權以婦女有工作和婚姻自由兩大女權保障，作政權革新的招牌，相去之間，甚是明顯。兩黨的走向，溯其源，早於戰時婦女職業爭論中，已可見蛛絲馬跡。

　　陳衡哲於 1935 年在《獨立評論》上發表〈復古與獨裁勢力下婦女的立場〉一文，揭示 1930 年代西方幾個大國受困於經濟、政治、軍事惡化，逕自走向「獨裁」，中國也有自身的難題，以至「復古」之論甚囂塵上。際此，陳衡哲闡述女權只有在康健社會環境中，才能真正獲得保障且提升，這番出自特定歷史時代的言論，恰恰提醒我們，婦女職業在歷史長河變化中，有斷、有續、有同、有異，各方面都值得進行更深入、更長遠的觀察與解釋。

　　關於這本史料集，還有幾個關於抗戰時期所具有的文本特殊性問題，有別於此前、此後階段，值得注意。首先，戰火蔓延打破過去沿海城市作為文化重鎮的趨勢，更多文化人、知識人流向內地、去往農村，「文壇」重清洗牌。戰爭使國家與人民的聯結更為密切，許

多能文會寫的文藝愛好者，不再受制於大城市名家當道，出版把關的阻攔，加上關切民瘼的一片赤忱使然，他們往往拿起筆來就寫，寫了就投，許多人被稱作是「一文作者」，一文、二文發表後，沒沒無聞者，比比皆是，討論婦女職業的情況如出一轍。文字寫作者不斷冒出，他們的文字多半並非鴻篇巨制，但從內容、文風以及討論問題的方法來看，都顯示出抗戰時代紛亂環境下自由與苦悶相伴相生的情況。其次，為躲避戰爭不時而降的各種危險、風險，不少作者對自己名字進行刪改、塗飾，以致許多文章的署名者似真名、似筆名，原因出在寫文章者不求出名，更傾向是發抒心聲，藉書寫以澆心中塊壘，這種情況使得討論婦女職業問題者，未必以專家、名人為主，加上琳瑯滿目的期刊散佈甚廣，這樣的論域空間也是戰時獨有的。最後，戰時物質日益短缺，出版事業處於「苦撐待變」狀況，紙質惡劣、鉛字損壞嚴重不說，校對、印刷、油墨各種窘態畢現，許多文章錯漏字情況驚人，如今能有機會擷取婦女職業問題的篇章，加以打字、校對，使其「重見天日」，有助於學術研究，也是幸事一件，這又不能不感謝民國歷史文化學社編輯部的努力。

目錄

第三編

婦女解放與婦女職業

1939–1945

正視婦女問題　　　　　　　沙源

　　本刊於八月十七和二十六兩天，先後刊載了「妻的犧牲」和「不是犧牲」，兩文，而作者都是「有婦之夫」，當然囉，所談的是比較地切身和真實的。在下則是「光棍」，其中妙處，是還不曾領略的，但這，卻不是說我沒有資格來參加這一討論，相反的，任何一個中華兒女，都有說話的權利與義務，而這裡更重要的是佔我們全人口半數的婦女，應該自己起來討論這一個切身的問題。我想，本刊的編輯先生總願意在可能範圍內予以刊載的吧。同時，更盼望這一問題能引起廣泛的注意和論爭，因為這問題是現實而重要的。

　　誠然，像這兩位原作者所說，前者的夫人的「犧牲」，和後者所認為他的太太過著有意義的家庭生活，這兩點，我們不能否認，在現實社會上是存在著的，而且有著很大的一個數字的婦女，是生活在這種情況之下。因此，我們對這問題，應該加以正視，而不是忽略和否認，更不是故意的漠視和抹煞。否認這現實的容易成為幻想，而抹煞這存在的，將變為「阿Q式」的消極和退讓！

　　同時，兩位作者的缺點，前者是被「情感」與「傷心」所控制，在現在社會灰暗的道途上，找不到出路；而後者的錯誤，則有女子在家庭裡，除了料理家務與教育孩子之外，其惟一的「神聖」使命是「安慰丈夫」（免使丈夫消極）的論調，而反面的顯示便有著以「男子為中心」的「唯我獨尊」的氣概，這種想法是要不得的，而且簡直是罪惡——把我們全人口半數的女子的力

量，予以一筆勾銷了！

假如說「希特勒式」的「女子應該回到廚房裡去」的口號要適用的話，那末，在中國，至少還得換上一個社會，因為中國的女子還沒到跟男子來爭飯奪碗的時候，相反地，我們還得提倡女子到社會上去。尤其，我們要看清楚的是，未來的社會將是怎樣的一種社會，是不是仍是回復到資本主義和帝國主義的經濟恐慌的浪潮中去，而怕婦女來「侵佔」了男人們的地位呢？還是說，建設新的中國是需要著二萬萬五千萬女同胞的力量的？假如回答是後者而需要女同胞的力量的話，那末，即使退一步講──消極一點說，現在也該是埋頭準備的時期──準備怎樣來迎取從瓦礫堆中成長起來的新中國。有人說教育自己的孩子何嘗不是為了將來的準備呢？不錯，這是一種，但還只是替你的孩子準備，而你自己是否能迎合新的需要，或者說，我已經找到了替身──孩子了，而我老了，可以不管了，這種見解是否正確，讓讀者們自己去辨別吧！何況，孩子們的訓練，有著更廣大的集體訓練的場所──學校，它總比家的生活圈子要大得多，對孩子總不會是壞的吧。

至於說為了安慰丈夫，那末這位丈夫在今日所抱的人生觀，其本身就有問題，更不談其他了。

所以，兩位的作品，現實是現實的，可是不是新現實的內容──它祇看到問題的表面現象，而沒看到問題的本質和它的發展，因此一位就覺得感傷，而另一位就不得不憑自己的主觀來想像了！

可是，問題的解決，我們覺得，在這過渡時期，是

苦悶的。但是，事情是不會送上來的，做，還得需用自己的努力去爭取的，而婦女問題的獲得合理的解決，無疑地，是要在整個民族得到解放的時候，因此，現在的準備，也就應該適合將來的需要，否則，要理想的兌現，而自己則「坐等豐收」，那末，日子將更加長了！而且也不會輪到不做事的人，同時，假如，不為總的去努力，那末，婦女也就永遠不能翻身。

歷史的輪子是殘酷的，要是不跟著跑，你將會落伍而受淘汰！

（上海《申報》，1940 年 10 月 1 日）

禁用女職員問題 林螢聰

一

　　婦女，「她們是『家庭的奴隸』，『家庭的婢女』，因為她們受最瑣屑的、最粗賤的、最煩重的、最使人愚笨的廚房工作所壓制，一般的說，她們是受孤獨的家庭經濟所壓制。」會有人這樣說過。而半殖民地的中國，婦女大眾遭受的壓迫則更重，如——帝國主義的民族壓迫，本國封建勢力的壓迫，以及宗法社會傳統對婦女的束縛和壓迫等。

　　是的，四千年來的歷史，沒有今天這麼一頁偉大的民族解放革命；沒有什麼比這更能夠使重重壓迫下的中國婦女興奮而參加戰鬥。正因為我們這革命的目的是解放全民族，剷除封建殘餘，所以也就是中國婦女解放運動的目的。這使覺悟的進步的中國婦女踴躍地投向戰鬥的前線，使被壓迫的婦女大眾紛紛走出家庭、學校而參加前後方工作；救濟傷難以至奔向前線。正如宋美齡先生所說：「中國女性在抗戰中的貢獻是多方面的，縱使是當兵的義務，傲然地披上英偉的軍服，傾聽大砲的怒吼……中國婦女已用實踐行動來證明他們非常的毅力！他們確能忍受戰場上的艱苦生活，確能在驚天動地戰爭的怒潮裡屹立而不動搖。」（見「新中國的婦女與家庭」。）

　　三年來許多婦女的鮮血潑在民族革命解放道上，為的是實現使二萬萬多的姊妹們從黑暗的地獄裡解放出來。在三民主義的新中國裡，能獲得充分的民主保障，而融樂地生活著，在政治上、經濟上能獲得平等。而我

們這個全民的持久的解放革命，也決不能缺乏占半數的姊妹參加戰鬥；甚至可以說，要是沒有好好地教育動員組織全國的同胞姊妹來參加偉大的抗建事業，則「抗戰必勝，建國必成」的理想將不能想像！

在職業戰線，中國婦女的鬥爭也是艱苦的，他同樣要跟三、四重的壓迫作無情的鬥爭。許多年來那斑爛悲酸的淚痕，正橫寫著這鬥爭的痕跡！抗戰以來，新的希望與堅強的意志更支持了這鬥爭。這正如蔣夫人所指出：「以前，中國婦女們的生活，被限制，被關閉，被隔絕了起來，不准他們參與國家大計，變成家庭中的一種工具，或者反過來說好像他們秉有一種所謂『妖媚』的質素，祇配受豢養，供在閨閣中作為一件裝飾品……今日的婦女不同了，她們突破了向來不許她們參與公務的限制，躍出了阻礙她們貢獻智慧能力的樊籠，她們正在努力推進社會與政治的革新，促成國家的發展。」而進步的輿論與當局也已密切注意到抗建中的婦女解放問題，所以先後頒了許多法令來作為她們的保障，而抗建綱領上也寫著：「訓練婦女，俾能服務社會，以增加抗戰力量。」而第五次參政會更促政府轉飭各屬各機關注意：「凡婦女所能服務之公職，應盡量任用婦女，各機關禁用女職員，剝奪婦女工作機會，不獨有失男女平等之原則，更屬削弱抗戰力量，應予嚴屬取締。」

今天，勝利的曙光已依稀地映在我們眼前，這使我們歡呼！然而，日人陰毒詭辣的進攻正加緊執行，我們也正在作堅強自己陣營與克服橫來的新困難而鬥爭；而在婦女的職業戰線上，今天同樣橫來了新困難，需要全

國姊妹們來共同突破！

二

　　什麼是今天婦運和婦女職業界的新困難呢？看：

　　「福建省政府下了一個命令：全省省營機關除救護及紡織廠、火柴廠、家庭副業工廠、托兒所需用婦女外，其他一律不用女職員。並停止地方政治幹部訓練團及高級商業中學招收女生。這個命令一頒布，三大省營機關——運輸公司、省銀行、貿易公司，其他省營機關紛紛停用女職員。」（十一月一日《星島日報》）

　　「湖南省婦女工作委員會——蔣主席夫人領導——決定調訓全省女公務人員及職員。首先，一般職業婦女以為有受訓的機會，非常高興；誰知結果是受訓期間停職停薪，而受訓以後也決不復職。據說是留著旁的用，違令而不受訓者革職。」（十一月十八日《星島日報》）

　　「某中央機關共有百餘單位，原來是男女職員同樣待遇的，但不久以前，主管者親手下手諭『不用女職員』」。（十一月十八日《星島日報》）

　　「交通部竟然還下了一紙通令：（一）發現女職員成績不佳得隨時呈報，立予裁撤；（二）女職員名額只能佔百分之五；（三）女職員禁止結婚，如已結婚者即令其退職。」（十一月十八日《星島日報》）

　　「去年有中央某機關招考會計人員，有位朋友，對於會計有著多年經驗，人又能幹，發榜的時候，她是以最優秀的成績被取的，可是結果她卻被推於工作圈子之

外，原因是『不用女職員』，雖經過力爭亦無效果。」
（十一月十八日《星島日報》）

我們遠處在海外，只能從這麼稀小的通訊裡去摘出這麼幾小段。然而這裡已經包括著省政府、省機關、中央機關的主管者交通部對這問題的處理。這不能不令我們咋舌驚奇！而更其重要的，這不但禁止了婦女從事職業活動；從不收政治訓練班的女生這角度去看：連婦女參加政治活動的權利也給剝奪了！

當著抗戰轉進更緊要階段，當著反攻實力在積蓄而需動員更廣大的民眾參加戰鬥；當著憲政運動在推行，民主政治將實行的當兒，這些措施對婦運無疑地是一大打擊。對抗建的力量是一大損失！站在抗建的立場，我們不同意這種活像法西斯國家壓迫婦女的表現，我們反對把婦女趕回廚房去做「家庭的婢女奴隸」而有礙三民主義新中國的建設的措施！

讓全國的女同胞看吧：「有的實行同居而不敢宣布，有的懷了孕而不敢請醫生檢查，而到了生育的時候，只好由女同事輪流代替，而未滿一月就不得不照常工作。」（十一月十八日《星島日報》）還有一有孩子的郵局女職員被調到外縣，給丈夫知道了，向她提出兩條件：一是辭職，二是離婚……」

我們不想多舉例，我們試想這給全國的婦女們是怎樣的難堪與苦痛呀？對在前線後方為爭取自身身解放的女戰士是怎樣的一個刺激呵！？

三

事實不容我們懷疑。而且把這當為三、四千年的中國社會一派餘脈，倒也是自然中的事。今天，但我們千萬別認為只是「地方現象」而忽略其重要性；也決不是空著急可了事，對這可能引起燎原大火的火種，我們應設法消滅！所以，怎樣填補這闕漏，而進一步把全國姊妹團結起來，為中華民族及中國婦女解放而鬥爭，是今天中國婦女急需解決的：

第一：各被禁用的各機關的姊妹們應該速速團結起來，一面籲請主管機關復職，一面向全國報告經過情況。

第二：全國各生產部門及各職業部門的姊妹應團結組織起來，一面努力工作，一面提高警惕，防患未然，一面援助各地被禁的姊妹們。

第三：全國各女團體及各省參議會及國民參政會女議員，應一面推動全國輿論代被禁用的姊妹呼籲，一面予以切實援助，向主管機關及最高當局呼籲請收回成命；並重申令各屬以後不准有這種不利抗建的措施！

第四：各地婦女團體及進步的姊妹們，應該乘這跟婦女大眾有切身利益關係的運動的推動中，去團結組織周圍的姊妹們。然後使全國各地的婦女團體能有更進一步地連繫團結，以為全國婦女謀福利及開展婦運。

第五：趁著這婦運被刺激而發展的當兒，我們要普遍地進行婦女參加政治生活的宣傳與教育，及爭取民主政治的重要，使抗建能更順利完成。

另一方面：我們在這裡首先懇求各禁用女職員的主

管當局，以「抗建的利益高於一切」的原則下，收回成命，懇請最高當局予以密切注意與保障。同時並舉辦婦女商業、政治各種訓練班，以教育在重重壓迫下的中國婦女！

　　讓我們再唸一遍宋美齡先生的指示吧：「末了，婦女們要負起責任來把愛國熱忱與美德深深打定復與民族的基礎。他們應該保證我們國家的將來，具有堅固團結與永遠的尊嚴，她們可以創造出一種忠信，寬大與正直的風氣，使之普及於家庭，流入於社會，造福於國家，祇要給她們以適當的機會和有力的組織，她們就可一一做到的。婦女們組織起來了以後，還可以改善每個分子的思想態度，以及待人接物的關係，這也是永遠有益於人類的！」（新中國婦女與家庭。）

　　　　　（香港《大公報》，1940 年 11 月 25 日）

我們的理想國（節錄）　　　　　陳儀

　　婦女問題，也是一個很重大的問題。我的意思，將來婦女生活的基礎究竟怎樣，現在尚不能斷定，但是在最近二、三十年當中，我們可以相信，仍然是建立在家庭中。在家庭中，婦女究竟應該做些什麼事情呢？婦女的教育應該怎麼樣呢？假設一個女子受了高等教育，依然不能不回到家庭中，而不能替社會國家服務，這在她個人，固然不能用其所學，即就國家言，也是受了一種很大的損失。所以高等教育，女子是不必要的。即使女子也需要高等教育，那也可以為她們特設學校，那只須家政、音樂、美術三科就夠了。至多再添設體育一科，至於文科、理科、法科、工科等，實在無此必要。我們人類，男女不妨分工合作，男子在社會上服務，女子在家庭中服務，只要能各盡其責，對於國家，對於人類的貢獻，即是同等的重要，而不能分其軒輊。所謂男女平等，須從此處來衡量，決不是要男女都做一樣的事情。婦女們在家中第一件事，就是教養兒女。國家社會將來的進步，全靠著現在的兒童，所以對於兒童的教養，必須十分注意，其他家事的管理，及煮飯、燒菜、做衣服等等，都是女子應做的事。假如家事管理得很好，兒童教養得不錯，這不僅盡了她們應盡的責任，也可以促進男子的工作效率不少。因為當一個男子工作回家時，看見家中井井有條，一切事情安排得當，他心中自然高興，出去工作時也就毫無牽掛而可以格外努力了，所以婦女的家事教育是很要緊的。

　　　　　　　　　　（《改進》，第 2 卷第 5 期，1939 年）

衡陽婦女工作會援助廈大女生

湖南新運促進會婦女工作委員會衡陽分會，於五月七日下午三時，召集本市各機關女職員二十餘人，在縣府會議廳，舉行座談會，商討援助廈大女生問題，由湯慕蓮主席，報告閩省陳主席下令停用及遣散女職員經過與廈大女同學會電請陳主席收回成命，情形甚詳，旋即討論如何援助方法如下：

一、電全國婦女總會蔣夫人轉函陳主席，請其收回成命。

二、電呈湘省婦女工作委員會薛夫人，一致聲援。

三、電福建省陳主席，請收回成命

（《大剛報》，1940 年 5 月 8 日）

廈大女生呈閩省陳主席代電及陳主席函覆停用女職員理由

福建省當局停用女職員的消息引起了各地人士的注意，以下是福建南方日報二十九年十二月十九日，載廈門大學女生呈閩省主席的代電，和陳主席說明停用女職員理由的覆函，在抗戰三年六個月的今天，竟有這樣不幸的事情發生，不能不說是十二萬分的遺憾，這二封信將是婦運的重要文獻，本刊特地把它介紹出來，希望引起廣大讀者的注意，更希望讀者對陳主席覆函提出意見，本刊搜集於下期「反嚮」欄發表，願讀者踴躍參加。——

編者

廈大女生代電

福建省政府主席陳鈞鑒：竊維自總理倡導革命，建立民國以還，國法黨紀，莫不確認男女平等之原則，助進女校之發展，二十年來各行政機關，職業機關，容納女子參加工作，雖非極盛，已不乏人，迨抗戰事起，國民黨更於二十七年四月公佈之抗戰建國綱領第十二條規定：「訓練婦女，俾能服務於社會事業，以增加抗戰力量」，此非僅為女子之幸，亦國家社會之幸也。不意本年八月十二日，南方日報載省貿易公司暨省運輸公司，奉諭停用及遣散女職員，又載政幹團緊急通告，謂奉命停收女學員，學生等覩此消息，莫不震驚，紛紛向各界探詢，均不知根本所在。鈞座發此命令，必有不得已之苦衷，或因任女職員人品不齊，或以其能力低下，效率不高，或認女子不適於政府機關之工作，學生等對此，

固當默然諒解，然有不能無疑者，就人品不齊而論，其中未必皆不良份子，去莠而存其良，方能懲現在而儆將來；能力之低下，應事先予以考選，事後加以警告，或按程度部份罷免，絕不能因噎廢食，一概擯棄，使受者不安，謂無公道也。至謂女子不適於政府機關工作，此乃女子各個能力志趣問題，非凡女子皆不適合。現今除福建省外，中央政府及各省政府所屬機關，女職員人數雖少，而其在職者，或經歷數年十餘年之久，試一考查其工作，未見不適宜也。此次停用女職員及停收女職員，雖僅屬於一機關一職業之部份處置，然此等被停用之女子職員，今後生活解決已屬問題，而況有更進者，即對省內各在職女子及在學女子之心理影響，在職女子未明此事之所由，必日夜惴惴於職務之不穩，在學女子更覺灰心失望，不知將來出路如何？至於一般為父兄者，必有少數眼光短淺之人，認栽培女子為損失，如此則影響女子教育前途，至深且大，而一切助進女權之規定，幾同虛設矣！學生等對於此事因未明真相，而關懷女界又難安緘默，用敢具呈鈞座，懇請收回，重加考慮，俾涇渭有分，賢良知奮，併懇將此事之緣由，明白宣示，以釋群疑，實為公德兩便！

國立廈門大學女生同學會敬叩

（《浙江婦女》，第 3 卷第 5、6 期，1940 年 12 月）

陳主席復函

陳儀

廈門大學女生同學會公鑒：十二月二日代電閱悉，工作論效率，用人視需要，這是現代行政上的基本原則。男女平等，是就人格上法律上說的，並非指工作而言，若論工作，則不但男女不能一樣，同是男性，亦因各有所長，難免彼此差異，尊重女權，分工合作，是現代任何文明國家的自然要求。余向主張職業無貴賤，工作是道德，對於女子工作，更無漠視之理，但吾人必須認識：工作的分配，應以人盡其才，才用其長為原則，社會上各種工作，有適於男子的，也有適於女子的，如煉鋼廠、兵器廠、鐵工廠等，是適於男子的工作，又如紡織廠、火柴廠、製茶廠等是適於女子的工作；石作、泥水、木匠，適於男子擔任；育嬰、裁縫、烹飪，適於女子擔任。至如行政官、軍官、法官，則以男子為宜；教師，尤其是小學教師、護士等，則又以女子為宜，這雖是粗淺的分法，但其中實有至理。余令運輸公司貿易公司，停用女職員，政幹團停招女學員，也正為著女子不適宜於此項工作的緣故。如不加限制，誠恐影響事業，決非蔑視女子，不以女權為重，我對於企業公司的許多工廠，和省銀行，就准許他們用女子，可為明證。現在一般女子每多誤解女權，愛慕虛榮，不切實際，以為女子過去及現在所做的工作沒有價值，必須另圖他就，殊不知人類最重要的工作，莫過於教養兒童，管理家政，國家的興衰，民族的強弱，是繫於兒童的有無教養，社會的進步，經濟的發展，是基於健全的家庭。上年十月間，我曾有過一篇「我的理想國」的演講，關於

此點，已略有論列，但一般女子對於這樣重要的工作，最可以發揮他們長才的工作，卻不知重視，努力求進，反而妄自菲薄，捨長就短，與男子爭奪工作，這是非常可惜的事情！

為求生活的經濟，人格的健全，女子在操持家政，教養兒童之餘，固然應當從事一種生產工作，但這種工作，決不一定要在大都市中去求。如資本主義國家那種大都市的畸形發展，並不一定是好現象，我主張社會應當平均發展，我們應該多辦中小工業，和家庭工業，使鄉村婦女不必遠出，都可以得到相宜的生產工作。同時，為減少勞動婦女對於家庭的顧慮起見，所有育嬰、食事縫洗等工作，我主張實行共同管理，譬如一個五、六十戶約三、四百人小鄉村中，就應當有托兒所，公共食堂，公共洗曬場等設備，由全村婦女輪流照管，輪流工作，把節省下來的工夫，做其他的生產工作，這樣互助合作，才能以最少的勞力，得最大的效果，而我們國家地位，在全國男女同胞這樣分工合作，一致努力之下，才可以有長足的進步。

陳儀

（《浙江婦女》，第 3 卷第 5、6 期，1940 年 12 月）

中國婦女的工作問題　　　　　陳儀

在南平華南女子文理學院及邵武協和學院演講

校長，各位先生，各位同學，今天本席在這裡與各位見面，並有機會來說話，覺得很愉快，很榮幸。現在我想和各位講的，是關於中國婦女的工作問題。

現在我們大家有一個共同的理想，就是要實行三民主義，建設一個富強康樂莊嚴燦爛的國家，從而進世界於大同。但是我們要實現這樣偉大的抱負，擔負這樣艱巨的責任，非使我們自身首先健全不可。我們是一個落後的國家，社會上許多的病態、缺點，還沒有蕩滌改善，這是無可諱言的。而病態缺點最多，落後得最遠的，就是我們這許多人。我深覺這是我們國家衰落的癥結。人不好，要國家好、民族好，是不可能的事。所以我的施政方針，第一是改造人，——用教育與訓練的方法來改造人。七年以來，本省最大的力量，就是用在這上面。但是到現在為止，我們訓練的人還是偏於男子方面的，如過去的縣政人員訓練所，公務人員訓練所，及現在的地方行政幹部訓練團，他們訓練出來的人員雖然已近萬人，但其中極大部分都是男子，女子只佔著極少的數目。再如軍警聯合幹部訓練所，受訓的更幾乎全是男子。即如普通的中學、大學，以及專科學校等，所授的課程內容，也都是只為男子著想，而沒有顧到女子的需要。這是非常遺憾的事情，不過，本人對於婦女問題是早就注意到了，前年十月間，我在永安曾經公開發表過一篇「我們的理想國」的演講，其中對於婦女問題，曾略有論列。此後遇有機會，對於從事教育訓練的人員

及一般行政人員總是告訴他們，促他們對於這問題的注意。

社會的進步，雖已發到了國家民族本位時代，但在社會組織中，家庭仍不失其固有的重要地位。因為家庭是國家社會的基礎，人生幸福寄託的所在。古人說：「家齊而後國治」，家庭不健全，國家民族是不會健全的。中國目前的落後，固然是整個的，全盤的，但最使我們感覺自慚形穢，缺陷重重的就是一般家庭和兒童。我們一般家庭的汙穢雜亂、不衛生、無條理，和兒童的瘦弱多病，遲鈍呆滯，與歐美各文明國家家庭的整齊清潔，親愛和諧，及兒童的強健活潑，精神奕奕的情形比較起來，真是天淵之別。這樣的家庭環境，無怪乎我們民族日趨消沉與頹廢，百餘年來備受列強的侵略與凌辱。我們家庭的不良，豈僅國家民族受其毒害，而一般男女同胞所受的直接痛苦，更是難以縷述。現在我們的家庭需要改良，正如過去專制的政治需要革命一樣。我相信這種思想，必定是我們男女同胞所共有的。

我們現在所需要的家庭制度，不是複雜的大家庭，而是簡單的小家庭。本來我們中國古代的家庭制度，也是小家庭組織。大家都知道，我們向來很講究倫理，但在五倫中，關於家屬的，只有父子，夫婦，兄弟三項。可見我們古代的家庭，也僅僅包涵父子、夫婦、兄弟而已。至於現在流行的大家庭，實在是到了唐以後才發生的，當初原是專制帝皇的一種愚民手段，因為深恐人民造反，所以提倡這種大家庭制度，使得一個人在家庭之間，有許多牽制，許多顧慮，不敢做犯法或其他冒險的

事情，後來傳之漸久，遂變成一種習慣了。其實這種大家庭制，缺點甚多，不但勃谿詬誶，沒有親切和睦的樂趣，而且容易養成依賴性，消磨個人的志氣。許多很有作為的人，都因家庭的拖累，弄得一事無成。所以中國的大家庭，好比一個大鎔爐，任你如何堅強，都在這裡鎔化了。我所說的小家庭制，是指由夫婦兒女組成的家庭而言。

不過，在我們這一輩，一切尚在過渡時期，對於父母，仍應擔負贍養的責任，但我們自身，則決不可再有依賴兒女養活的心理。這種小家庭的組織，一切家政管理，兒女教養等事情，必須合乎理想，達到最合理，最衛生，最科學的地步，充分提高家庭的樂趣，增進家庭的幸福。同時還有一點，為我們所不可忽略的，就是發揚我們固有的美德。中國人對於家庭向來是很重視的，我們國家民族所以能夠發展到今日這樣廣土眾民的地位，其最大的原因，可以說是由於我們重視家庭的緣故。大家都知道我們民族固有的家庭理想，詩經所謂：「宜爾室家，樂爾妻孥」孟子所謂「不孝有三，無後為大」……等等觀念，在不知不覺之中，形成了我們民族發展的主流。所以養育子女，不但是個人應有理想，也是國民應有的責任。現在一般過於時髦的青年男女，往往為貪圖個人的舒適享樂，不願生育子女，教養子女，這真是大大的錯誤。現在世界人口問題，幾已成為國際間列強競爭的中心。不但懷有侵略野心的國家，想盡種種方法，努力於人口的增加；就是愛好和平的國家，為求自衛生存起見，也無不急起真追，獎勵生殖。我們雖

然號稱世界人口多的國家，但只是量多而質不良，依最近的情形看，即在量的方面，也已有減少的趨勢，這確是一個絕大的危機。

我們探討歷史，地理，各方面，無論過去現在或將來，日本是我們心腹的敵人。日本要滅亡中國，這是它的既定國策，在軍閥，財閥主政之下，是絕對不會變更的。我們看看他最近決定的人口政策，更可得到證明。日本人口政策的內容，大概可以分為下述五點：第一、日本為要永久獨霸東亞，保持東亞十萬萬人口的領導權（即所謂建立東亞新秩序與成立大東亞共榮圈）起見，故決定謀人口的急激增加與其資質的改善。第二、關於日本本部人口，期於昭和三十五年達到一萬萬的數目，對於本部以外人口，則另行規定，以求充實高度國防，使兵力勞力均不虞缺乏。第三、日本民族在質的方面，必須具有驕傲、矜持、惟我獨尊的精神。第四、增加人口的方法：一方面增加生育，當男女結婚的年齡，平均提早三年，希望每對夫婦，至少生育五個子女，並設法減少兒童死亡率，一方面預防肺結核等疾病，將一般死亡率較現在的減低百分之三十五。第五、增強素質的方策，以滿足國防勤務上必要之精神的肉體的素質為目標。這種人口的增殖政策，在美國蘇聯等地大物博的國家，也許還不至形成國際間的不安現象，但日本是一個土地狹小資源缺乏的國家，現在不過七千萬人口，即已深感人口壓迫，生活不易；如果再增加三千萬人，那不是更無法維持，全部要靠掠奪人家來生存嗎？這豈不是等於增加了三千萬獷悍的強盜嗎？我們的國家，遇到這

樣野心勃勃的強鄰，究將何以自處？這是值得我們考慮的問題。所以我們要求自衛生存，就必須對抗敵人的這種人口政策。凡我國民，應當人人盡其最大的努力，生育子女，教養子女。我希望我們每對夫婦，也至少能生育五個子女。同時，現在我們兒童的死亡率真是太大了，一個多月前，我在《福建民報》上看到符致達先生的「如何提高國民的生活程度」一文，其中述及各國兒童死亡率的比較，計美國為千分之八十七，英國為千分之八十九，日本為千分之一百八十九，而中國則為千分之五百四十，我們兒童的死亡率之高，實為世界上任何文明國家所未有。我們家庭的情形如彼，兒童的情形如此，還不應該亟起改良麼？

管理家政，教養兒童，既然關係我們國家民族的盛衰絕續；那麼，究竟應當誰來負這責任呢？男女都是國民，都是家庭的主體；對於此事，當然都有責任，不過就事實說，女子的性情、興趣、體質等項，都比較的更適於這種工作；不論任何國家，任何時代，對於家庭，女子總比男子多負一點責任。再以經濟的觀點來說，這種工作，與其由男子擔任，也不如由女子擔任。自十八世紀產業革命以後，一切事業，均要講究效率，世界潮流，已逐漸趨於分工合作的一途；男女工作，也有這種趨向，其實我國男女之間，在很古的時代，早就採用這種分工的制度了。孔子禮運大同篇云：「男有分，女有歸。」「分」是「職分」，「歸」是「出嫁」，把男女的工作，分得很清楚。孔子的禮運大同，不但為我們先賢所推崇，就是國父所倡的三民主義，也是以貫澈這主

張為目標的。所以家庭工作應該由女子擔任，不但適合於事實需要與工作效率，也可以說是我們古今聖賢的一致主張。本人對於女權素來很尊重，一向主張男女地位應該平等，但是，我以為工作的分野，則應以能夠充分發揮雙方的特長為原則。一般的說來，女子的特長，也可說是女子的美德：是慈愛、溫柔、審美、細密；男子的特長，是剛強、冒險、勇敢、奮鬥。因為男女特長的不同，男女之間的工作，自然也不能一樣。不要說男女，就是同是男子或女子，也因為個性各有參差，工作不能盡同。我們若是違反這種原則，強使男子做適於女子的工作，或強使女子做適於男子的工作，不但工作效率減低，不能得到很好的成績，並且在精神上也是一件極大的痛苦。抗戰以後，各地實施軍事訓練，一部份婦女也竟穿上軍裝，學起軍事操來。固然國難方殷，男女都是國民，責任所在，人人都應當起來為國效勞。但是國家需要做的事情，不僅是軍事訓練，還有許多重要的工作，也同樣的需要我們去做。我們強迫女子參加絕非性之所宜的軍訓，淹沒她們的美德，豈僅氣力白費，得不到什麼成績，抑且是一種損失。所以這件事，我是不以為然的。我們將來的教育方針，工作分配，最重要著眼點，就是必須發揮男女固有的特長。至於協大女同學給我來信，引證秦良玉、花木蘭等馳騁疆場，建功異域，以為女子可以與男子從事各種相同工作的論據，這實在是錯誤的。要知道，這種歷史上極少數的偶發事情，我們只能看作一種例外，決不能執一端以概其餘。若以例外來說，當然現在的女子少數可以從事於社會其

他的工作。但就一般而論，女子最合理最適宜的工作，應該是管理家政，教養兒童。

現在一般女子，不明白家庭，兒童的重要，以為要女子管理家政，教養兒童，是輕蔑婦女，帶有侮辱的性質，這真是根本的錯誤。改良生活，是我們人類所追求的目的之一；而生活中最重要的事情，莫過於衣食住行，食事尤為重要，與我們人生的關係，真是太密切了。但是我們中國家庭對於食事，一向沒人注意。無論到什麼地方，我們都可以看到，最浪費，最不講究衛生的，是食事，甚至於好些人家的廚房，是與廁所相毗連的。我們對於食物營養成分，素來不知道注意：一般人對於食物，只有充饑的概念而已。至於它與身體究竟有沒有好處，這是我們向來不大理會的。而且不但中下層的家庭如此，即一般上層家庭也是一樣，所以如果我們詳細的檢察一下，恐怕大多數人都患有營養不良的毛病，這不是故作危言，聳人聽聞，我們只要看看一般人面無血色，就可以明白了。所以說句笑話，我們中國人是落後，至今連吃飯都還沒有學會。大家要知道，人與人間的不平等一旦存在，國與國間的不平等即一日無法消滅的。我們現在要取消不平等條約，我覺得這並不是困難的事情，只要此次抗戰勝利，我們過去與他國所訂一切不平等條約，必然可以全部取消。但是假使我們一個中國人，與一個英國人，德國人相比，尚相差甚遠，那末，不平等條約雖取消了，而實際的不平等，卻依然存在。別的不談，即以體格來說，我們比起外國人，真是相形見絀。所以在食事上，我們若不再加改良，講究

衛生，注意營養，我們體格的退化，將來更不堪設想。我們決不可把家庭的事情，廚房的事情，看作輕賤的工作，不屑去做。要知道，五、六十年以前，泥水匠、木匠，廚子都是一樣不為人所重視的職業，但是因為時代的進步，大家漸漸的注意到住的問題，於是建築成了專門的學問。從前不為人所重視的泥水匠、木匠，現在卻被稱為工程師、建築師了。何況「食」較「住」尤為重要，我們若能夠好好的改良，將來必定成為專門學問，益為世人所重視，這是絕無疑義的。以上是僅就家政工作中飲食事一項而言，至若家政管理得法，對於我們國民經濟的補益，那更是很大了，現在我們一般人民的生活，雖然很艱苦，很貧乏，但一究實際，無論衣食住行，一切物質的消耗，並沒有節省多少，因為至少限度，我們衣服要穿得暖，東西要吃得飽，房屋要能蔽風雨才行。所以我們有知識的人，若能細心研究，設法改良，消費必定還可以稍為的節省，生活必定還可以相當的改善，假定每人每日減少一分錢，我想，這是絕對可能的，那麼全國四萬萬五千萬人，每日就可以節約四百五十萬元，這樣，積年累月的計算起來，豈不是一個非常可觀的數目。而且環境清潔，生活改良之後，身體可以健康，疾病因之減少，醫藥費用，又可以大大的節省。至於因身體健康，精神充足，工作效率增加，猶其餘事。還有教養兒童的工作，那是尤其名譽了，歷史上許多偉大人物，幾乎都是得益於母教。我們大家都知道，如孟子、曾子、陶侃、歐陽修，岳飛等，他們所以成為歷史上的名人，固然一半是由於本身的努力，但其

成功的基礎，還是兒童時期的優良母教所建立起來的。現在我們總裁的豐功偉業，真是前無古人後無來者。可是我們看到總裁的自述，他之所能有今日，也是得力於兒童時期的母教培養。母教的偉大，由此可以想見了。然而我們一般女子，因為不明白教育兒女的方法，往往育了不知養，養了不知教，因此死亡相繼，人才淹沒，這是非常可惜的事情。

國父說：三民主義，是一部快樂主義，我們要為快樂而奮鬥，在我們生活之中，最可以增進我們快樂的，一是家庭、一是工作。而前者尤為快樂的源泉，一個家庭之中，子女能夠教養得聰明伶俐，強健活潑，夫婦相處得親愛和諧，互助合作，一切陳設佈置，整齊清潔，井井有條，我們置身於這樣的環境之中，豈不是人世間最快樂的事？我們精神上能夠得到這樣的安慰，定可以促進事業的進步。所以我們決不要小看家庭的工作，以為沒有多大的作用；要知道，這工作做得好，不但建設三民主義的國家在此，進世界於大同，亦莫不在此。其關係之大，真是匪言可喻。婦女擔負這種偉大的工作，比起各機關公司中當一個職員，每月賺到幾十元的薪水以維持個人的生活，其輕重高下的相差之遠，真是不可以道理計了！

但是一切事情的進步，最重要的還是繫於教育的力量，現在我們要改良家政，也不能例舉。中國歷史上女子教育最發達的時期，是在春秋戰國前後五、六百年。我們一向奉為女子經典的內則，就是當時的著述。春秋戰國是我們中國民族進展最迅速，文化最輝煌的時代，

這一段歷史的造成，女子當然也有不可磨滅的功績。如果當時婦女對於家庭不能負起責任來，也許我們社會不能有那樣的進步，文化不能有那樣的輝煌。可惜自秦以後，我們的女子教育逐漸衰微，一般女子遂漸漸的忘卻了家政的重要；馴至現在女子教育，竟根本與家庭脫節。讀書變為一種虛榮，或把它當作個人享樂的手段，這也是我們民族衰弱的原因之一。春秋戰國時代的女子教育，因為當時環境的關係，固然不免太貴族化了一點，平民沒有享受的機會；但那種教範，我們即以現代的眼光看來，也還是有重大的價值，可為我們所效法。當時的教育方針，大概就是如禮記的內則所載，我們把它歸納起來，最重要的大略有七件事情：一是講儀容，就是講做人的禮貌，也就是現在我們新生活運動所說的規規矩矩的態度。二是講整潔，關於家庭的灑掃洗滌整理等項，三是烹調，四是縫紉，五是紡織，六是侍奉父母舅姑，七是養育兒女。現在我們所說的家政學，也無非就是這一套事情。可惜這樣完善的女子教育，後來都失傳了。現在世界上文明國家，對於女子也都特別授以應用教育。歐美的實際情形，我雖不清楚；但日本從前的情形，我卻知道一點，（現在也許有變動）。日本中等以上家庭的女子，在小學畢業——尋常六年高等二年——以後須繼續受五年的女子教育，俟修畢這一般的學程，然後可以結婚。這種女子教育的內容，大概與我剛才所說的我們古代的女子教育差不多。其目的也是在培育賢妻良母的典型人物，不過他們還要精細。即如儀容一項，在日本叫做「作法」，他們就講得非常周到，不

但進退應都有一定的法則，即如開門，關門，走路，敬茶等動作，也都在教授之列，每星期一點鐘。我們中國近年來的教育制度，對於女子教育，可說是完全忽略了。無論中學大學的課程，都是站在男子的觀點及應男子的需要而定的，根本沒有替女子打算；就是純粹的女子學校，也都是以男子的教育為依據。所以往往受了中等以上教育的女子，一旦結婚，竟連普通的婦嬰衛生，教養兒童，管理家政等事情，還是茫無頭緒，不知怎麼做法。不客氣的說，這種女子教育，根本失卻了女子教育的意義，對於家庭社會，都沒有什麼好處。這種教育，我們必須要改良，我希望我們以後的女子教育，應以適合於女子的需要為原則，多多灌輸實際應用的知識，以培養賢妻良母的人物。

婦女在經濟上可以貢獻很大的力量，這是我們不可忽視的事實。同時，我們要求男女的真正平等，也唯有女子在經濟上有獨立的能力，始能做到。不然，一切需要依賴男子，平等是無從建立的。我覺得任何女子，都應該從事於一種生產事業，但這必須是副業；主業還是管理家政，教養兒童。我有一個理想，也許不久的將來，可以見諸實現。我們抗戰勝利以後，必定馬上就要開始大規模的國防經濟建設，以我們現在產業這樣落後，國境線這樣綿長的國家，這筆建設的費用一定相當的可觀。不久以前，看到吳稚暉先生「節約儲蓄為建國之中心運動」一文，講到現代國防經費的浩大，他希望中國每年能有一百萬萬元的收入，充作建設經費，其實，假使我們要迅速的完成現代國防，這每年一百萬

元，也許還是不夠的。但照我們現在的財政情形看來，就這一百萬萬元總數目，已經使人張口結舌無法應付了。國際間的關係是完全重利害的，我們不談國防建設則已，要談國防建設，非自力更生不可，我們怎樣去籌這筆鉅款呢？現在國際間盛行一種物物交換制度，各國都是願意以其所有，易其所無。這種辦法，是很可以為我們所採用的。但是現在我們可以與人交換的東西，卻是太少了。只有茶葉，桐油，羽毛等項。我們要想以這樣少數的貨物，掉換我們所需要的大批東西，是不夠的。所以我們必須在這以外，另尋他法。我覺得將來有四件事情，可以幫助我們解決這問題的。第一是食品。中國菜的口味，是世界任何國家所不及的。在形式上看來，西菜好像很講究，很有味，其實，只可偶爾一嘗，而不宜於常吃的，如果一連吃上幾天，必定會感覺膩而無味，只有中國菜可以百吃不厭。所以外國人對於我們中國菜的味道，特別的賞識愛好，從前我在柏林的時候，看見那裡有一家天津飯館，因為材料很少，連中國的醬油紅醬也沒有，所以菜的味道，做得很壞，可是生意非常興隆，各國人士都喜歡光顧，常常座為之滿。那時我就覺得我們中國大可以利用食物，向外國去發展，現在我們正感沒有東西與外國去交換，益覺這件事情大有可為。我們可先在世界各國的大都市，如倫敦、柏林、巴黎、紐約、芝加哥等地方，開設中國飯店做示範，使各國人士，對於我們中國菜的口味，發生興趣，漸漸的成為習慣，然後再由大都市推廣到小城市，飯店推廣到火車輪船，更由火車輪船普及於一般家庭。這

樣，我們國內的出產，如紅醬、醬油、香菇、筍以及一切醃製的東西，凡是中國菜的作料而為外國所沒有的，都可以盡量的輸出了。不僅如此，我們還可以利用公共場所來賣菜，這樣，一切的蜜餞，又可以得到很大的銷路。我們的食物，若能在國際市場上發展到這樣的地步，我們所需要的一切國防器材和建設工具，就一定可以換來。因為我們這些食品，多數都是植物製成的，植物成熟的時間短，每年有收成，我們可以取之不盡，用之不竭，無論輸出怎樣的多，我們的國力上不會受到什麼損失的。不過，現在中國菜口味，雖然很受人家的歡迎，但還有若干地方，實有加以改良的必要。我覺得我們中國菜的特點，是口味好，外觀藝術化，但不清潔，不講究營養，是其缺點。如果我們對於中國菜能於口味外表之外，再注意清潔衛生、合乎營養兩個條件，那末，我相信我們中國菜一定可以風行全球，成為世界的名品。我現在正想創辦一個烹飪學校，訓練一批做菜的人員，將來分頭去試辦。這件事情如能成功，將來必定成為一種專門學問。由此可以產生許多烹飪博士、營養博士等新人才來，不讓由泥水匠、木匠進化的工程師建築專美於前。第二是衣飾。上面所說的食物，是以一般人為對象；這裡所說的衣飾，則以婦女為對象，絲織和刺繡這兩種手藝，是我們固有的特長。近年來我們絲業的情形，雖然逐漸衰落，失卻了國際市場的地位，但是我們絲質之優良，仍有與眾不同的地方。現在我想我們可以利用絲製造各種衣著用品，向外去推銷。第一步專門織造婦女用的帽子、襪子、提包、手帕等小件的用

品，因為現在歐美各國的婦女，她們所用的帽子、襪子、提包、手帕等這些東西，大抵都是蔴類或人造絲等原料做成的，品質較差，我們若能用純絲製造，再綴以相當藝術的刺繡，一定可以銷路暢旺，得到她們的歡迎。至於樣式，顏色等等，我們可以聘請歐美各國專門研究時裝的婦女來設計。第三是玩具，以兒童為對象。我們先把各國所有的優良玩具，搜集攏來，改良製造，利用人民的餘力餘時。減低成本，盡量的推銷出去。歐美國家的脾胃，是賺大錢的，動須上萬百萬，小錢不放在眼裡。我們目前的能力不行，沒有法子與他們競爭，只有大家刻苦努力，從小處下手，利用副業來賺取他們的小錢。這樣，若能推廣銷路，小錢也可以變成大錢。第四是藝術品，我總覺得西洋人室內陳設，僅僅幾張沙發。幾幅油畫，實在太單調，遠不如我們中國式的佈置來得美觀。我們可以設計許多裝璜的方式，與打樣公司合作，把很好瓷、刺繡、雕刻、字畫、盆景等藝術品，介紹給他們。以上四點，是最可以發展我們特長的地方，與婦女都有密切的關係，其中二、三兩項，可為家庭副業，尤為一般女子在經濟上發展的機會。我相信，以中國婦女天資的聰明，力量的偉大，若能朝此努力，將來的收穫，是不可限量，不但對於國家有偉大的貢獻，即在國際婦女界中，亦可放一異彩。

（《力行（福建）》，第 1 卷第 1 期，1941 年）

我們為什麼要討論婦女職業問題？

隱冰

　　男女職業機會均等，是民族解放，婦女解放，和建設三民主義新中國的基本根據之一，是決定婦運成敗的中心課題，也是達到男女真正平等地位的先決條件，只有男女職業機會均等才能解除婦女過去的一切束縛，廣大的啟發婦女力量，而運用婦女力量的唯一形態，也就是開闢了婦女報效國家的途徑。

　　民國十三年四月四日，總理在廣東女子師範學校講演時，曾說：「光復以後成立了中華民國，這個民國便是我們自己的國家，當中的國民有四萬萬，一半是男人，一半是女人。從前滿人做中國皇帝的時候，不但是女子不能問國事，就是男子對國事也不能過問，經過革命以後，才大家都有份，大家都可以問國事。」在十二年一月一日中國國民黨的宣言裡，有「確定婦女與男子地位平等，並扶助其均等的發展」的規定，最後中國國民黨第一次全國代表大會宣言，所宣佈的對內政策裡也有「於法律上，教育上，經濟上確認男女平等之原則，助進女權之發展。」而在第二次代表大會中又有「開放各行政機關容納女子職員與各職業機關開放」的具體決議，由上述的言論中、黨綱上、宣言上、政策上已明確的、充分的表現出總理對於女權的重視。我們的最高領袖在新運六週年廣播中說：「婦女同胞佔全國人口之半，也就是我們整個民族一半力量所寄。」又說：「我們需要增進國力，是要使大多數婦女都能動員起來，在家庭在社會一齊策動改進國民生活和加強抗戰力量的

工作。」這聲音是多麼的偉大與響亮，領袖對於婦女的力量是怎樣的重視！希望婦女參加抗建的心是怎樣的殷切！

女同胞在這樣賢明的領袖的領導下，再不肯努力參加工作，可以說「不配作三民主義新中國的國民」，而社會上有阻礙，排斥或限制婦女參加社會服務的言論和行動的，也就是不忠於總理遺教，不忠於領袖，不忠於抗戰建國。

然而，不幸得很，在這艱苦的抗建過程中，在國家正需要更緊，更深，全民總動員的時候，每個中華好男兒都應走上疆場去殺敵，每個中華好女兒，都應犧牲「小我的家庭幸福」，接替男子許多工作的崗位，而準備以熱血和生命獻給祖國的時候，倒轉歷史車輪的言論和行動卻一連串的發生了，職業機關排斥或限用女性的情事或明或暗的波動著：首先，在二十七年八月福建省政府下令停用女職員；二十八年三月上海郵局招考郵務員佈告中，聲明不收女生；同年九月全國郵政總局更規定限用女職員辦法，通令各地郵局一律實行；同年三月湖南省府調訓所屬機關女職員，訓練後派往鄉村工作，藉以疏散；二十九年八月福建省府再次通令各省營機關停用女職員，這些現象好像把婦女看作是人類以外的另一種生物，而不屑培植似的，否則，便是不瞭解全民抗戰的意義，忽視了總理遺教及領袖主張，但，我們不敢這樣說，也不敢這樣想。

在言論上，逆流的婦女觀也出現了：當抗戰三週年的前夕，端木露西先生以先鋒的恣態，大無畏的精神發

表了「蔚藍中一點黯澹」的大文，接著又有福建陳主席
「我們的理想國」以及最近發表的「中國婦女的工作問
題」的高見。

這些反婦女職業的逆流出現後，各地職業婦女爭取
男女職業機會均等的呼聲普遍的廣延著，對於「蔚藍中
一點黯澹」引起了激烈的爭論與批判，而職業婦女問題
討論的熱潮也由此洶湧澎湃了起來。

我們認為在這些婦女職業問題正反兩方面的討論
中，包含著一些非常重要的問題：第一：中國婦女解放
運動的基礎、方向、內容和目的。第二：中國婦女運動
解放的發展與評價。第三：堅持持久抗戰。第四：婦女
與教育職業問題，而這些問題，都極需要弄清楚，得出
正確的結果的，因此，我們深深感到有參加論戰的必
要，有深刻討論並在各方面繼續發展討論的必要，更有
給以嚴正批判的必要。

首先，我們必需指出的：在觀察、估計、討論中國
婦女問題與婦女解放運動的時候，在確定與引導這一實
際運動發展的方向和途徑的時候，應該確定它是整個中
國社會問題的一部份，是現階段全民抗戰民族解放現
實生動的一部分。所以，我們必須從現實的國家，現社
會制度出發，從歷史的觀點和現實的客觀環境出發，從
婦女主義觀點出發。因為這樣，必然會使婦女問題與婦
女解放運動與整個社會問題，整個民族解放運動割開，
而可能發展成為男女兩性間對立的鬥爭，陷於孤立的境
地，同時，也將使大家對於這一問題的討論陷於非常狹
小的範疇內，而不能把握住科學的方法，去求得問題解

決的基本所在。

　　從參加論爭的幾位先生強有力的嚴正批判中，從正確的觀點（史和現實的環境）出發來討論婦女職業問題的幾位先生的精論中，我們可以清楚的看出正確的結果是什麼了，雖然我們手頭搜集的材料還不夠充分，同時也還在學習中，希望從實際的經驗中，求得更精的發揮，更廣大的發展。婦女職業問題是婦女解放運動的中心問題，是民族解放的基本根據之一。我們要討論婦女職業問題便是為了忠於抗建，擁護蔣委員長的主張，「使大多數的婦女都能動員起來，改進國民生活和加強抗戰力量。」

　　因此，我們渴望各方面展開討論，我們期待著嚴正的共鳴，為了奠定婦女解放運動的基礎，為了民族解放和建設三民主義的新中國。

　　　　（江西省婦女指導處編，《婦女職業問題討論集》，

　　　　　　泰和：江西省婦女指導處，1941 年）

「不用女職員」檢視

茂梓

　　抗戰三年來，中國在各方面的進展是驚人的，佔人口半數的婦女中也有不少在抗戰中表現了她們無比的熱誠、勇敢、堅強和超人意料的能力，由於不願坐視祖國的危亡，她們響應了抗戰的號召，走出家庭、學校、小鄉村、小城鎮工廠、田莊，來接受大時代的洗煉——各種戰時工作的訓練，然後參加到前線，後方，敵後種種艱難困苦的工作團體裡去從事組織宣傳，訓練民眾及作戰間諜，救護傷兵……等工作。在工作中她們的犧牲——物質的享受，生命的貢獻——相當鉅大，然而這些中華民族優秀的女兒們並沒有因此表示過退縮，相反地，工作反而把她們的意志鍛練得更堅強；由工作中她們接受了更多的啟示——明瞭自身的力量及職責，看清了祖國有光明的前途。在這啟示下，邁起腳步更往前去。

　　雖然在戰時工作方面，新增了大批熱誠勇敢的婦女幹部，表現了無比的能耐。但不幸得很，婦女在另一方面卻受莫大的挫折與打擊，這挫折與打擊就是或明或暗地，反對女子到各種職業部門去服務，主張女子應回到家庭裡去。表現在事實上就是在抗戰前許多有女職員各職業部門，如政府機關、學校、郵局、銀行……等在某些地區陸續地發生了停用女職員，禁用女職員，限制女職員人數，或不用已婚婦女，裁退已婚女職員等事件。同時社會上有一些頭腦頑固的人們也不斷發出一種言論：「女子天職是生育子女，管理家庭，伺候丈夫」、「女子在家庭裡的貢獻比到社會上工作大」、「戰時財

政困難各機關人員縮減，女子不應佔據職位，影響男子失業人數增加」、「女子能力薄弱，不適於戰時種種繁重的工作」、「用女職員須增加種種設備和不便調動的困難」……。

這些人要不是忽視了法律上的規定，便是抹煞事實，歪曲事實，再不然就是「因噎廢食」，否則決不會發生出上面這些錯誤的言論來的，假若一個女子的天職在管家，在生育子女，不應走到社會上來工作，那麼我們的法律為什麼要規定男女在社會上、政治上、法律上、教育上、經濟上的平等權呢？為什麼讓女子進中學、進大學受完備的職業教育呢？假若女子的職責，真的是在管理家庭，此外便沒有什麼，那麼國家在法律上便應規定女子受完普通的小學教育，以後應一律進家政或家務學校，專門學習如何管家的技術就夠了，用不著給她們教育平等權，讓她們和男子一樣的進中學入大學，研究那些專門的社會科學及自然科學，這些東西對於管理家務是沒有什麼裨補的。還算大幸，我們的革命先烈，革命前輩沒有像這一類人一樣的見解，要不然今日的女子一定被擯棄在國民範圍以外，像古希臘的奴隸不算是公民一樣，過著更悲慘的生活。這種人若不是深中女子「三從四德」這一個道德的毒，便是被獨裁大師希特勒的「婦女回家庭裡去」這一口號叫昏了頭，忘其所以的跟著亂嚷一通。姑不論希特勒這一句口號包含了若何的政治意義與企圖，以及在第二次歐戰後新的看法等；我們只要回過來看看我們自己的國家是處在怎樣的情況中？我們今天是正在拚全力與日寇作殊死的鬥爭，

我們要的是動員全國的力量在政治，經濟，軍事，……
各方面求勝利的時候，蔣委員長說過：「地無分南北東
西，人無分男女老幼，都有守土禦侮的責任」。這時候
正是爭取勝利的艱苦時期，正是百事待舉，人材缺乏，
卻叫女子從職業部門中退出來回到家庭裡去管家務，把
所學得的知識技能全部棄置，這是合理的嗎？這是應該
的嗎？

　　就筆者所知道的抗戰後最先發生的停用女職員事
件，是二十七年八月福建省政府把所屬各廳處的女職員
一律留職停薪，其理由是縮減人員，節省財政開支，據
說導火線是某某女職員與某會計長鬧桃色糾紛案，結果
一大批（大約數十人）的女職員便從她的職業崗位上擯
斥出來，失業了。接著二十八年三月上海郵局佈告招考
郵務員時，聲明不收女性，理由是「處非常時期，女職
員不便調動」。同年九月全國郵政總局更通令各地郵
局，以「女性不適於擔任繁重的郵件工作、運輸工作而
且又不便於調動」，把原有男女兼收的規條取消，限定
只有各地的一等郵政管理局可以用女職員，但數額不能
超出全體職員百分之五，且限於未婚女性，已婚女職員
立即裁撤不用。還有一處即湖南省政府調訓全體女職員
事，湖南省府把所屬機關女職員調集訓練，訓練後派往
鄉村從事農村工作，按月發給少許生活費，據說這事的
起因是什麼「女職員太浪漫」，結果有的女職員因不適
於從事農村工作，或所給生活費不足以養家，只得呈請
辭職，這雖不是明令的停用女職員之後，實質上與停用
相差無幾。今年在福建又發生了一次停用女職員的事

件，本來自二十七年八月那次停用女職員之後，婦女在職業上的地位受了一次大打擊：一個省立的女子職業中學改為家政學校，注重如何管理家務，學習西洋化的處理衣食住；福建省銀行不用一個女職員，不過到二十八年以後，情形又似乎有點好轉，職業婦女的人數慢慢的增加起來，省縣政人員訓練所（後改為地方行政幹部訓練團）中某些組別，如會計助理醫師，簡易師資民教等組男女兼收，省教育廳、所屬機關、衛生處、縣政府等機關女職員人數較從前略增，從政幹團受訓出來的女會計員也打入了省營貿易公司、運輸公司這些新建的職業部門。然而這情況並未曾繼續多久，在今年八月初，報紙上出現一則新聞，說是省當局諭令各省營事業機關從此起停用女職員，並發雙薪遣散，最先照辦的是貿易公司與運輸公司，繼之是政幹團會計，助理醫師等組也奉諭停收女學員，省立高級商業專科學校也停收女生，新創辦的省立農學院，並通函應考女生名次在錄取人數百分之十以外的無庸赴校上學。……這些接連發生的事件，震動福建全省的知識婦女，特別是失業在家的與正在中學、大學求學的女同學，使她們感到無限的失望與擔憂，福建女子職業前途被蒙罩上一片黯淡的陰影，此外各地藉口「抗戰時期」部份地裁退女職員、停用女職員的事實，更是舉不勝舉。

上節所述的事實可說是在現社會，對女子就業種種錯誤觀念的具體表現。按照前節駁斥的理由，我們可以在這裡下一個斷語：這是違反時代潮流，違反國法黨綱，違反總理遺教，違反抗戰建國國策，違反客觀現實

的舉動。

就以「節省財政開支而縮減職員人數」來說吧！裁撤人員應按職務的輕重，成績的優劣，能力的高下為標準，那能以男女來做裁退的標準的？再以「桃色糾紛」來說，桃色糾紛必包含男女兩方，責任各負其半的，現在有了糾紛發生，不同時處分而只處分女職員，何薄此而厚彼？公正何在，又豈能示儆於將來？而且更不公平的是遷怒於全體，叫全體女職員都滾出去，不但無辜受累而且犯了「因噎廢食」的嚴重錯誤。像上海郵政局以不便調動為理由拒收女職員這更不合理，它的不合理可用事實證明：像虹口敵區內就有一個女職員和男職員一起工作（見《婦女生活》7 卷 5 期上海通訊所載），至於女性不適於做郵件工作這一點，在郵政總局發出這一通令時，重慶那裡的郵局在五十多個女職員中，就有三十多人幹郵件工作，並且還有兩個人擔任極繁重的包裹工作（見《婦女生活》8 卷 7 期〈女郵務員座談會紀錄〉），同時據說運輸工作只佔郵局職員人數的百分之十，不見得個個職員都要做運輸工作的，只要職務分配適當，問題便可以解決。關於福建省這次大規模的停用女職員，據說又是為了什麼「桃色糾紛」，該糾紛中的男主角是政府某要人的親戚，其實這不過是導火線而已，真正的原因，早就種根於省政當局對女子能力及女子天職的偏見上。三年來家政學校的被注意被扶持，與特設家庭生活指導組訓練女指導員，派到各縣去指導婦女家庭生活等，都可以證明，這種偏見是存在著的。我們並不反對家庭生活科學化、合理化，但逼著女子受了

教育之後都回到家庭去做主婦，管孩子伺候丈夫是不可能辦到，而且也是一個大損失。三年來敵人的鐵蹄踏遍東西南北，許多女子家破人亡，流浪到後方來，她們需要有職業維持家庭生活，她們期望找到適宜的工作為抗戰盡一分力，同時另一方面許多新興事業要人去做，感到人才缺乏，這時候，難道容許這些有工作能力的女子浪費掉她們的力量嗎？叫這些受了國家社會資力栽培出來，有專長的學識，可以擔負起建設國家社會的女子回到家庭裡去，讓才幹與精力消磨在廚房裡，這是合理的嗎？同時那些家庭需要她出來工作以維持家庭生活的，現在因為她是女子而被剝奪了職業權，試問在這種情況下，叫她們到那裡去？她們怎能安心地獸在家裡做「賢妻良母」？做無米為炊的主婦？

自然，我們也不否認，到今日止，在社會上佔有職業的女子，本身還存在著某些缺點與弱點，如少數女職員私生活太浪漫，把職務當兒戲掛著名，不知什麼叫負責，更不明瞭工作的真義；有的能力太差，沒有專長的學識技術，只靠背景得到一個職位；有的因結了婚，有家務子女的分心，對工作採敷衍的態度，只知拿薪水，不知道盡職責……然而決不能說全體女職員都是不行的，這些缺點弱點的存在不是不能教育不能糾正的！這種人應該知道：中國是四萬萬五千萬人的中國，其中婦女佔了半數，要中國強盛起來，這半數的婦女不但有責任，而且極需要她們來出力的，因她們的幼稚與無能而把她們全部推到一邊去，這不是根本的辦法。同時還要記得這一點：女子到社會上來服務，時間不到三十年，

與一向就在社會上工作活動的男子比較起來難免遜色。數千年來，中國女子就拘束在「三從四德」的舊禮教下，緊關在家庭的狹小天地裡，除了父母兄弟姊妹丈夫孩子之外，不能與社會上其他的人接觸，除了家庭的雜務和養育子女，沒有別的工作，還算是辛亥革命、五四運動、北伐、國難、抗戰一步步慢慢地把她們喚醒了，教育了，她們中間的小部份人從家庭這「狹隘的籠」中解放出來，進學校、入社會，以「人」的資格參加社會工作、革命工作、抗戰建國工作，但是社會上大多數人對女子的舊觀念還不曾清除，而她們的大多數也還沒有覺醒，力量沒有被發掘出來，受教育是她們中間少數中的少數，一種稀貴的享受，工作還是她們的嘗試，新的道德還在孕育中。稀罕，幼稚，能力薄弱，行為浪漫，是這過渡時期不可避免的現象，正向一個剛學步的孩子，走起路來免不了要東歪西斜，時時跌跤一樣，做大人的沒有因為孩子學步時走得不好，而讓他永遠不去走，難道社會因為部分的職業婦女，有缺點弱點，就主張不讓全體女子有職業嗎？女子受教育的稀罕，受了教育在社會上能找到工作的更稀罕，正因為稀罕，正因為社會上對女子的舊觀念沒有清潔，所以這些稀罕的女職員成為眾矢之的了。對她們的一舉一動，莫不觀察入微，幼稚被發現了，能力薄弱被發現了，個人私生活上的某些差錯，成為苛刻的批評材料，而一些浮滑的男職員和不良的長官，把那些臉孔長得漂亮點的當做玩弄的對象，逼使一些剛剛走到社會上來工作的女子，或世故未深，或意志不堅強而被欺騙誘引的，像這種種現象與

過錯，能全盤歸罪於女子嗎？能打這些做為藉口而摧殘女子職業這一新生的脆弱的根苗嗎？至於已婚婦女因為有家務分心，不能專心於職務，工作效率低，這不能責怪婦女本身，更不能當做不用已婚婦女的藉口，結婚是人生過程中必經的一段路，是生活的一部份，是男女共有的權利，生育子女，延續民族的生命是男女共負的職責。在生理上女性擔負了更多的艱辛與痛苦，論理社會應給女子享受母性的特權，彌補這種天賦的損失與痛苦才對，為什麼反因此主張把女子緊緊地縛在家庭裡，把她當作一部繁殖機器，家庭的傭婦，喪失在社會上工作、活動的權利呢？在今日的社會裡，婦女有著結婚與就業的矛盾，這矛盾使得很多婦女結了婚便不能工作，要工作就不能結婚，這問題我們正應積極設法解決的。這裡希望社會上一般人士對在業婦女的缺點，應該用理智的眼光來觀察批評，當然，批評應該是建設性的，而不是惡意的摧殘破壞，同時更應該明瞭，男子與女子不是對立，而是互助的。我們共受日本帝國主義的欺壓，與殘餘封建勢力的戕害，應該手攜手的起來求自由求解放！我們歡迎個別地撤裁不合格，行為浪漫、不負責任的職員，這樣做不但可以除去「害群之馬」，而且可以示儆將來，使以後女子能虛心地去學習工作技能，專心於工作以求效率的增進。我們也反對徇私引用女職員，主張以公開的考試制度選拔真才。我們更希望社會人士，能注意扶持踏進職業大門不到三十年的女子，幫助她們工作能力的進步與發展。

　　站在女子這一方面來說，我們要緊記著：我們今日

正跨進力爭做個「人」的階段，我們不願意再做寄生蟲附屬品，我們是剛出封建舊殼的小雛，前面是一條艱辛的長路，許多重大的工作等著我們去做，腳跟上仍帶有未斷的鎖鏈，我們的痛苦是雙重的，我們的任務也是雙重的，在這過渡時期，我們掌握著下一代以及以後各代婦女的命運——奴隸或自由，我們應該定下心來想一想這責任的重大，在各方面檢討自己督勵自己，能力薄弱的力求增進，有浪漫行為的力求改正，不小視自己，又要虛心，時時求趕上人家，對於職業婦女，我們希望她們能緊密地組織起來，消極的作用是用集體的力量制裁女職員中不良的份子，及進行合理的爭取職業平等權與職業保障；積極的作用是發揮團結互助互勵的精神，用集體的力量解決職務上、家務上各種困難的問題，聯絡感情，提倡業餘正當的娛樂及學問的進修。我們要以極大的魄力在原有的職業部門內，用工作成績來打下堅固不可動搖的地位。用勇進的精神開拓新的婦女職業園地，使更多的有知識能力的女子，能參加到使整個社會國家往前發展的各種生產的、管理的機關和工作部門，與男子共同掌握使歷史車輪前進的機紐。我們職業婦女應時時警惕：我們的一舉一動不但會影響到自身的前途，同時代女子職業的前途，而且會影響到下一代女子的前途。

　　倍倍爾說過：「獲得職業為婦女解放的第一步」，這就是說女子要獲得真正的自由與平等，首先便非取得經濟獨立不可，而參加到各種職業部門裡去工作，便是獲得經濟獨立的方法，在社會進化史上看來，婦女在社

會上地位的低落，是由於她在生產工作上地位的低落，經過數千年黯淡的非「人」的日子，現在已經到了重新站起來做人的時候了！更做個「人」便得多方面的參加到生產工作裡去，職業的種類雖然千差萬別，但每一種職業都直接間接地與生產有關聯，獲得職業既然是婦女解放的具體步驟，那麼我們便要努力去取得職業機會的平等權，在職業部門內佔一席地，這是婦女解放鬥爭的最起碼的一步！至於就業後已婚婦女所有的困難，如子女家務的拖累等問題，我相信只要婦女本身感覺到有解決的必要與解決的決心，是可以部份地解決的，雖然說在現狀之下，我們不可能像蘇聯婦女一樣全盤解決。

今天，婦女職業正走入一個黯淡的階級，各處或明或暗的發生排斥婦女出職業大門的暗潮，一部份人更公然叫出「婦女回家庭裡去！」之類反時代潮流的口號，在這裡，對於政府當局及社會輿論，我們不能不提下面幾種要求，希望它具體實現：

一、保障職業婦女，取締各處禁用、停用或限制用女職
　　員的舉動。

二、普遍發展女子職業教育，培養女子服務國家社會的
　　專長。

三、普遍創立職業婦女托兒所，使婦女能從育嬰室裡解
　　放出來，專心為社會工作。

四、給予負生產子女天職的已婚婦女以特別利益，如產
　　前產後給假發薪，切不能因此禁用已婚婦女。

1940，11，21

（《浙江婦女》，第 3 卷第 5、6 期，1940 年 12 月）

福建省停用女職員的前後　　　　杜禾

　　福建省公開停用女職員的事，這是第二次了，第一次是二十七年，省政府還在福州，曾下過一次命令停用女職員，當省政府由福州遷往永安時，因「女職員行動不方便」又非正式的裁去一些。

　　這次停用女職員不是命令，只是陳主席的手諭，下手諭的日期是八月初，在報上公開發出消息卻是九月五日的事情，報上登的消息是：「省府陳主席通令各省營事業機關，除救護及紡織廠，火柴廠，家庭副業工廠，託兒所等需用婦女之外，其他一律不用女職員，又復令飭省府祕書處知照政幹團，勿再招訓女學員……」至於主席手諭的內容，傳說紛紛，莫衷一是，比較可靠的有兩種說法：一種是某公務員說的，他說：「主席的手令只是說不用女職員，叫各機關斟酌情形先後辭退，並沒有說明何項理由──大概是女子們不適合這些工作！」

　　另一種是被停用的某省營事業機關的女職員說的，據她說：「主席的手諭上寫著：『本省將新設一機關完全錄用女子，現在請暫時辭退……』（大意）云云」陳主席為什麼下這手諭呢？這裡有兩個最流行的故事可資參考：第一個故事說：某省黨機關有一位女職員，同某另一省營機關一位姓Ｘ的男職員感情甚好，但正因為感情好，他們之間常常發生些小蹩扭，有一天，陳女士染上最流行的瘧疾，Ｘ先生給她二十幾顆奎寧丸服用，並告訴她每一次少吃點，吃多了不會有好處，陳女士誤會了意思，同時加上病中的煩燥，於是又在Ｘ先生面前撒嬌了，她說：「你要我少吃，我偏要多吃！」便把二十

幾顆奎寧丸從Ｘ先生手中搶過來一口吞下，等一會，奎寧丸在肚中發作了，弄得陳女士面紅筋脹，「香汗」直流……Ｘ先生急忙忙把她送入醫院，這時已經兩眼發直，面無人色了，剛巧這事情被一位姓Ｘ的老參議知道了，這位老先生看不慣這事，硬說他們倆是因為戀愛鬧翻了的自殺行為，這樣一傳十，十傳百……，一個加油，二個加醋……地把這事傳入陳主席的耳裡。

第二個故事是說中央ＸＸ視察員Ｘ先生視察某省營機關，第一天去，大家都規規矩矩整整齊齊的讓他視察，殊知第二天Ｘ先生卻用「私訪」的方式，一直闖入某省營機關辦公室，這時室中五個女職員，有一個打瞌睡，有一個看報，有兩個同「人家」談天，另一個則在發悶，於是，Ｘ先生把這事暗記心頭，並不當面告訴主管人，也不直接告訴陳主席，在歸途上，卻寫一封書信建議陳主席，關於女職員的事情。

不管原因如何，女職員終歸是撤去了，貿易公司、運輸公司這兩個省營事業的機關是八月十號便開始撤退女職員的，撤退時每人還發給兩個月的遣散費，並且由當局訓誡一番。

福建省最高最大的人才造成所——政幹團也有先後去信給已經考取了的女學員不必上學，已到團部和在途中的女學員一律辭退，一共有Ｘ百Ｘ十Ｘ個女子突然失去依歸，這是第一個反應。

《閩北日報》指為「這是反國本的作法」，《南方日報》在副刊上有「不要輕視她們」的什感。其他各報及婦女刊物，更熱烈的討論這事！

　　福建省臨時參議會第二屆會上的討論，原提案人是華南大學女子學院的院長等幾個參議員，大家一致通過，要政府收回成命，省婦女會也請求撤銷這一命令⋯⋯。

　　據說當局目前正積極籌設，大規模的婦女家庭工業社，從最上到最下，澈頭澈尾都用女人，政幹團方面也有一專門指導家庭生活的訓練班，也完全用女人，還有人說，說是X次的省府會議，曾正式決議，以後的師範學校完全招收女生！

　　福建的婦女同胞本身實在缺乏組織，連在各省已經成為黨部組織系統上的一部的婦女會，過去福建也沒有，福建出版的刊物，有「兒童」有「青年」，但誰能找出「婦女」？學校中的女生們更不消說了，有的學校是禁讀課外書籍，課外活動當然是困難萬分的，記者一位平時異常活躍的女朋友進了福建的ＸＸ學院後，被功課忙得生了肺病！所以這次「厄運」降到她們頭上後，她們只能作毫無效力的「要求」了。

　　　　　　　（《前線日報》，第 5 版，1941 年 1 月 7 日）

婦女職業的面面觀　　　　王坪

「婦女職業」的問題，近來引起各方面的嚴重注意；重慶舉行了「婦女職業問題討論會」，到婦女問題專家和婦女界領袖如史良、胡子嬰、韓幽桐、張曉梅等若干人；桂林的婦女界也有反映；福建的婦女組織雖說薄弱，然而也對這一問題提意見；各婦女刊物，都儘先出專刊，寫文章，大聲疾呼；很多重要的報紙，如桂林《力報》、《大公報》等，都有專論發表。

這些問題的遭人注意，不可否認的，是由於很多地方撤銷女職員，停用女職員，如郵政局的不用已婚婦女，福建省的省營機關停用女公務員……等所激起的。

婦女的職業竟會成了問題，是可悲，也是可恥的事，因為生而為人，就應該有求生的權利，而就業，正是求生之一道，但現在竟把天賦的本能拿來討論，不是可悲可恥的事嗎？

然而問題既然到了面前，我們也只得從各方面去觀察檢討這一問題的發生與進展：

一、問題的造成

根據記者所搜得的材料，以為婦女職業問題的造成，應該從兩方面去看：第一就是職業的門上對婦女們掛上「免入」牌子者的方面，他們拒用婦女的理由是稀奇古怪，歸納起來的有：

一、婦女無用論：他們的根據是女人在生理上的構造與男人不同，在「歷史」上，便是「男治其外，女治其內」的，他們覺得，與其用幾個女人，不如用一個男

子，他們似未注意到除了與性器官有關的部分，女人與男人構造不同外，其他部分，完全是後天性的，他們也沒有看歷史上另一階段的母權社會；

　　二、愛護女人論：這一論調很高妙，他們說，女人需要生產，一定要好好的保重身體，不宜參加社會活動，否則，有礙身體的健康而影響後一代，他們又說：女人在月經和生產期一定不能工作，致妨礙了全部工作計劃的進行；

　　三、女人「花瓶」論：這一些把女人看成「天生尤物，好穿好吃，無事可做」，只好利用各種機會「勾引」男人，乃至弄得改用女職員的機關花天酒地，工作鬆懈，這似乎是太看得起女人了；

　　四、沒有理由論：他們或者是效法希特勒的「婦女應回家庭去」，或者是在學日本的「賢妻良母制」，而用「本機關設備不週」、「暫請休息」等名義，拒絕婦女參加職業。

　　第二是婦女的方面：我們也毋容諱言，確有一部分婦女是「花瓶」，確有一部分婦女利用各種機會「勾引」男子；但，一兩個婦女如此，便拒絕所有的女子參加職業，而大部分的男子壞事，為什麼不叫全體男子都離開職業呢？

　　同時，「蔚藍色」中有一點「暗淡」類的女子，她們偏偏抓到部分婦女的「虛而不實」，便主張自己的姐妹們去建立「理想的家庭」，做一個「人皆稱道」的主婦。

　　這些，都是造成婦女職業成為問題的原因，而這些

原因的基本原因又是半殖民地半封建性的中國社會，反映到抗戰最堅苦的相持階段中必有的現象，這是男性的官僚政客，從革命的狂潮中準備開倒車的表現之一，因為從來反動的社會便是不重視婦女，而以此造成社會的不安的。另一方面，當抗戰進行到三年多的今天，婦女中的「沉渣」又逐漸泛起，充斥於社會的都是紅唇鬈髮的怪物，而同開倒車的官僚政客起了配合的作用。

　　但婦女是不是真的無用？真的應該被排斥呢？我們且看全國婦女領袖蔣夫人宋美齡先生的說白：「自從抗戰開始以來，我們婦女界同胞都很慷慨英勇的一致奮起，為協助抗戰而服務，她們拋卻了安適的家庭和優閒的生活，在前線在後方，在接近戰區的地點，在都市和鄉村，在傷兵醫院裡，在兒童保育院裡，在難民收容所裡，在敵人砲火機毀壞的廢墟裡，奔走呼號，流血流汗的工作著，喚醒民眾，教育民眾，幫助民眾，救護民眾，將抗戰建國的力量，大大的加強起來，這種工作成績，已使全國同胞十分感動，使世界人士刮目相看……」、「這二、三年來，我親自看見許多工作者，為工作而犧牲了生命，至少犧牲了健康，許多人為過度辛勞而顯得十分憔悴了，但大家的意志更堅定，精神更飽滿……。我確信我們中國女子，在戰時的貢獻，至少不下於男子……男女地位應該是絕對平等。」（摘錄「告女界青年會」）

　　但偏偏有不願男女平等的反動者，根據自己的謬論造成很多事實，去反駁蔣夫人，他們竟然違背總理遺教，反對世界潮流，如果他們再不信「女人至少不下於

男子」的正論，再請看下列的事實：全國聞名的今代木蘭唐桂林女士，現在還在戰場帶領士兵與敵人周旋；山東的婦女游擊隊、老太婆劇團，和廣西女學生軍，女保甲長，以及參政會中的各位女參政員，各省各地的新運婦工隊……至今仍站在民眾的前面，甚至男子的前面做抗戰建國的工作，而「綏晉邊ＸＸ游擊支隊的政治部主任李林女士，當敵人第九次掃蕩時，帶領了十多個女戰士與敵人肉搏，勇敢異常，終於壯烈犧牲」的事實，在《中央日報》上大大的登出，不知道「女人無用論」者作何解釋？

二、問題的嚴重性

造成「婦女職業問題」者也許在旁邊笑，而捲在這問題漩渦中的人，卻哭喪著臉或憤恨滿懷。多少女子無路可走，國家花了多少錢財訓練出來的女人成為廢料，多少女人為了生活而自殺，而墮落而甘願走險。

我們先看關於福建省的一個統計：「……各地小學，國民學校以及省辦中學不計外，全省私立中學共二十五所，其中純粹女中共有九所，男女合校共計十二所……專科以上的學生，在二十三年度共 685 人，女生佔 151 人，二十四年共 649 人，女生佔 175 人，二十六年共 605 人，女生佔 167 人；四年間共經費二百五十餘萬元。平均計算，專科以上女生佔百分之二十六強。又福建省學生在國內專科以上學校畢業的，二十三年度，共有文學、政治、法律、機械、農林、水產、新聞、鐵道管理、電氣、實業管理……等七十二系，共 1,448

人，女生佔 332 人，二十四年度則為四十四科系，共
1,401 人……」這些上千的由國家財力教育出來的女
子，當然不是為了「觀瞻」或「花瓶」，都是為了要替
國家盡一點國民的責任，但，當停用女職員後，她們向
那裡去？國家的錢財不是浪費了嗎？

我們再看一些「不關重要」的小消息：梧州Ｘ報上
登載一個啟事：「……我倆經某先生的介紹，並得髮妻
ＸＸＸ的同意……結婚於ＸＸ」，誰能說願意當人家
小老婆的女人，和願意同另一個女人合愛自己的丈夫的
女人，不是因為失了業而做這不合法律「沒有面子」的
事的呢？

當福建停用女職員後，很多婦女當了太太或姨太
太，也是上一消息推斷的證明，另據新聞界友人說：報
上常登載的求婚啟事，多半說明「月薪多少」而引誘若
干女人去報到，沒有一次啟事是落空的。

婦女們在抗戰中受的損失比男人大，而她們的求生
能力也因若干限制，稍弱於男人（並非說工作能力弱）
她們的處境已經夠慘了！再加上公開拒絕她們，在她們
精神上的刺激也不小啊！我們要不要佔全國人口二分之
一的女人活下去？要不要她們幫助抗戰早爭勝利？我們
是不是想在大敵當前的民族革命戰爭中，挑動一個婦女
革命而削弱抗戰的力量？

三、問題的解決？

如果不把婦女職業問題看成孤立，是誰也知道他的
嚴重性的，他不但影響抗戰，更影響我們將來新的三民

主義國家的建立，如何解決這一問題，成為目前婦女界，文化界……的中心任務之一，我們要把他看著同米糧問題，平價問題一樣的迫切！

我以為，首先還在婦女界本身的團結和有組織，有組織才能發生力量的道理，是眾所週知的事，而中國婦女界呢？除了二十七年三月全國兒童保育會在武漢成立，及當年五月蔣夫人召集全國婦女領袖和婦女工作代表者在廬山開會，而組成了七月內成立的新生活運動婦女指委會，與表現了中國婦女的一度有團結外，此外經常的民間性的婦女團結機構還很少見，故我們在目前提出婦女要加緊團結，擴大團結的口號是必要的，因這一新的危機，威脅著所有的婦女，不管太太小姐，婦女工作者，領導者，家庭婦女──都可能在這有擴大性的危機下失去自由，正跟日寇威脅了全中國人的生存，而成立起抗日的聯合戰線一樣，有必要擴大團結，加強組織，處處表現婦女是一個整體，使危害者無法和不敢下手。

其次，已有的婦女團體及婦女領袖，應切實的要求黨政協助，以爭取婦女職業的自由。

三、前進的地方，前進的地方當局，希望能特別強調地招考女職員，廣泛的扶助婦女就業，以起模範的作用。

四、各地的婦女刊物，及婦女工作者，多多反映這一問題的嚴重性，並具體的提出解決方法，引起各方面的注意。

五、在有些地方，甚至可以用請求的方法，希望當

局撤銷「停用女職員」的命令，如某省之婦女會在省參議會上的要求，及ＸＸ全體女公務人員聯名寫信給婦女指委會呼籲一樣。

六、現在在政治上起著領導作用的婦女先進，如女參政員、各省女參議員……等，應多多呼籲，以身作則地表示婦女的有力和團結。

七、目前還沒有「遭劫」的婦女同胞，在工作的本位上，應加倍的努力，勿使人們輕視，也要盡力的爭取主管機關對婦女的普遍信任，不能自顧自地畏縮，恐懼，十足表示女人的無能和散漫。

八、文化界與輿論界多作正義的吶喊！揭穿反對者的無知和陰謀，並發揚模範女性的工作作風。

正如史良先生所說：「今天我們要用婦女職業問題，來作為團結廣大婦女的起點。」那麼，我們便應從上述各點簡單的方法入手！逐漸逐漸的讓廣大的婦女團結起來！發揮婦女團結的力量，使侵略者和幫兇的一群奴才在團結面前發抖。

「懦弱——你的名字是女人！」希望莎士比亞這句名言成為過去！

〈《浙江婦女》，第 3 卷第 5、6 期，1940 年 12 月〉

婦女職業範圍是否應該受限制　　瞰聆

　　職業是按照各人的興趣來決定的，職位的高低是按照各人的能力來區別的，不應該有性別之分，更無問題之發生，然而事實上現在的婦女職業已成了嚴重問題、最適合於女子的工作：如銀行，郵局、公司等，幾個大規模的竟拒絕不用女職員，藉或過去有用的現在亦加以限制，有些人（實際上是極少數的人），主張婦女回到家庭去，很想限制婦女的職業範圍在家庭內，星星之火足以燎原，雖是少數人的主張，可是會蔓延開來，對我國婦女尚未得到完全解放的今日，將發生莫大的影響，婦女為什麼沒有選擇職業的自由？是能力不夠？還是社會上不需要？讓我們從各方面來觀察一下：

　　從能力方面來講——我們的最高領袖蔣委員長會說過：「女子的力量大過男子三倍」，這話是有充分的理由和根據的，可分析女子的智力和體力是否不如男子？過去幾千年女子都生活在重重的壓迫下，在「女子無才便是德」的煙霧籠罩下，然而還是有不少的女政治家，女文學家，女科學家等出現，武則天做皇帝受人攻擊的原因，不是因為她的能力不夠，乃是因為她是個女人！試看全篇討武召檄中，只是罵她的德行不好，是事實，是藉口，只有待史家去考證，不是她的政治才能不夠。英國的維多利亞女皇時代，就是英國歷史上最著名的時代，其他如俄國、奧國、西班牙等國，都有許多女王出現在他們帝制系統上，並且是極興盛時期，女文學家，在我們歷史上，如班昭之漢書，李清照之詩詞，都是為當代男人所拜倒，至於近代及西洋之女文學家，則不勝

枚舉，此外在科學，教育各方面，女子都有過不少的貢
獻，有過不少的專家！至上古母系社會中還不是以女子
來統制社會？根據教育家和科學家實驗的結果，都證明
女人的智力不比男人低，天生的智愚，亦正如男子中的
個性差別。

　　從體力方面看，上古游牧漁獵時代男女都是一樣的
要自衛求生存，一樣的用體力去抵禦猛獸，後來發現集
團的力量來得大，於是大家分工合作，才有男治外，女
治內社會制度的興起，現在士、農、工、商、兵、工
程師、飛機師，各種技術人才，哪樣是女人不能勝任？
哪種工作沒有女子參加？這些人才也許在我國現在還不
多，那是因為機會不平等的原因，只要看蘇聯，就可證
明女人的體力如何了。抗戰以來，婦女參加前線工作
者，也不在少數，前線、前線的後方、游擊區，那裡沒
有女子參加工作？這是說女子的體力不能勝任工作嗎？
就是最用力的苦工，如轎夫、挑夫、碼頭夫，也有女子
參加的；如福建的轎夫，就有不少的女人。西藏，西康
與印度緬甸交界的地方，就有女人任搬運工作，夏日外
人往避暑的行李，大鐵箱，頭頂著，在高山上行走自
如，外人也為之驚訝，現在那些苗，蠻不開化民族的女
人的體格，都是很高大，根據達爾文的不用則廢進化
論，我們知道，許多交通方便，物質文明地方，女人體
格比較矮小的原因，在那些地方，又豈但是女人的體格
矮小，男人們的體格，又何嘗不比較的矮小文弱呢？所
以要區別體力之優劣，也只能以個人為單位，不能籠統
的以性別來區分。

　　從國家社會的立場上看，是否需要女子出來參加工作——這也是要看各個國家社會的情形來定度，法西斯的瘋狂者，在現今二十世紀大呼其婦女回到家庭去，回到廚房去，豈不是開倒車的現象？但他們以為這樣，就可以解決社會上的失業問題！至於我們呢？我國是個物大地博，人口眾多，物產豐富的國家。我們應該按照我們自己的資源、人口，及社會情形來決定我們的途徑！我們的資源豐富，是世界上無可匹敵的，以我們整個人民，來開發富源，也是取之不盡，用之不竭的。打開地圖看看，人口集中的地方是多麼的狹小！還有廣大的幅員是不曾開發！為什麼我們不開發自己的富源，利用自己的原料，製造自己必需的東西？為什麼我們的工業不發達？農產品不改良？許多地方的文化還停滯在兩世紀以前呢？我們是世界上最古的文明國家，到現在反而是文化落後的呢？甚至我們本國的國粹，自己保藏的還沒有外人收集的多呢？我們有的是人民，有的是富源，如何竟會這樣的落後呢？最大的癥結就是在於過去全國二萬萬五千萬的女同胞不能自立，大多數是過著依賴的寄生生活，不但不能增加生產，反加多消費，於是男人們，終日忙忙碌碌的只求能維持衣食而已，根本無法作專門的研究，因此在社會進化的途徑中，自然而然的要停頓下來。其實許多科學上的發明，還是我們祖先發明的哩！婦女佔全人口的半數，如果以半數的人不能負起自己的責任來，把所有的責任，都加在那半數人的身上，事實上是肩任不起的，別的國家在精益求精、日新月異的進步中，而我們連支撐、追隨也跟不上，我們不

能利用我們的富源，別人會來掠奪的，我們要關起大門來自己享受，別人會來攻破的，我們如果不加強生產力，利用每個人的力量，集中來為國家社會，迎頭趕上去，結果是不能逃出優勝劣敗的定律，要被淘汰的，所以自國家社會的立場上看，所有的女子都應該讓其出來工作，所有有才能的都應該讓其盡量的發展，不應加以限制，能力缺乏的，應該加以鼓勵和扶助，對於婦女的特殊需要，應給以優待，婦女在延續民族生命上，還盡有很大的義務，在人類進化的途徑上婦女是負著雙重的責任，所以對於她們在社會工作方面，應多加鼓勵和幫助，不應給以摧殘，我們的目標，要放在國家民族的利益上，並不是為某些人的舒適和利益！

　　自上面的分析看來，女子是有能力，並且是應該為社會服務的，當然不是說要每個女子走到社會上來，乃是依照各人的環境決定，盡各人的能力，如果社會上各種設備完善，能減去家庭裡主婦的精神消耗，也未始不能一齊出來。況且婦女之走出家庭，並不是就此拋棄家庭，同樣還可以兼顧得到，更不是對男子的革命，或到社會上來搶飯吃，以目前的情形看真是百廢待興，須待建設的地方多著哩！需要大量的人才，大的工作力量來建設，我們的機器工業又不發達，若是事事全靠男子的力量，那是不夠的，所以婦女出來工作，是減輕男人們的負擔，又能顧及到家庭，對於男子只是處處有利而無害的！吃虧的還是婦女本身，但是她們有能力而又願意出來工作的，是社會上應該加以歡迎的！

　　有的人說婦女的工作效率低，因為她們請假的時間

比較的多，孩子生病也要請假，自己生病更是要請假，
這是事實，政府為保障婦女的職業與健康，有優待婦女
生產條例的頒佈，家庭，孩子，是夫婦共有的，婦女為
家庭的工作多，自然要分散外面的工作效率，如果把家
庭裡的工作分配一下，使男子分擔點內務，也會減低其
外面的工作效率，而女人的工作效率自會加高，所以不
能武斷地自片面來判定女人的工作效率低，應以鳥瞰的
態度，自全面來觀察，就會覺得男子的工作效率並不比
女人高，所謂工作效率的高低，也是個人的差別，所以
社會上對於女子的職業範圍不應加以限制，儘可能用能
力來定去取。

（《婦女共鳴》，第 10 卷第 5 期，1941 年）

從「拒用女職員」說到婦女職業的輔導問題

陸旗

一

　　婦女職業問題，近來曾引起各方面密切的注意，這是一個很可喜的現象。因為當抗戰進行到第四年的今天，無疑意的，我們的國家，在各方面都已有了長足的進步，和驚人成績的表現；這可以說是我們全民族「不願做亡國奴的人們」，在我們英明的領袖領導之下所奮鬥出來的果實。不過，同時我們也應該明白：今後我們的國家將走入一個更困厄的境地，我們的抗戰也會轉入一個比目前更艱苦的階段。我們為了勝利，為了支持全面的總反攻，必須將更廣大的發動所有的人力、物力、財力，來擔當這個光輝而又艱鉅的工作。因此，今天提出：「如何解決佔我們全人口二分之一的婦女同胞的就業輔導問題」來討論，這自然是要被我們全國每個忠實抗戰的同胞，每個忠實婦女解放事業的同志所當深切注意的。

　　但是，不幸得很！當我們正高唱著輔導婦女就業！輔導婦女樂業的聲中，而在另一方面，我們的職業婦女卻遭受了莫大的挫折與打擊，這挫折與打擊就是有少數人或明或暗的，反對女子到各種職業部門去服務，主張婦女回到廚房裡去；並且有多少機關已公開拒用女職員，限制女職員人數，或不用已婚女職員，或裁退在業已婚女職員，這真是一樁令人最痛心的事！

　　雖然這種現象在今天還並不普遍，雖然這種事情在

今日中國半殖民地半封建的社會裡發生，亦並不足令人驚奇，同時，這些事實的存在，在目前也還不至於在我們解決婦女職業問題中，作起破壞的主導作用。但是，我們站在婦女的立場上，站在反帝反封建的立場上，站在抗戰建國的立場上，我們卻不能對此保持緘默，對此事忽視，因為它正反映著中國幾千年的封建社會的餘毒；在辛亥年間，沒有被我們志士的鮮血所滌除；在北伐時代，沒有被我們革命的勢力所掃蕩；在抗戰當中又沒有被我們這大時代的洪流所沖洗乾淨，這種潛伏勢的頑固，今天我們若再不給它以澈底的肅清，它不僅會影響於我們婦女職業問題的解決，而且它更會直接間接影響於我們當前的抗戰，及將來三民主義新中國的建立。

因此，在我們還未談到婦女職業輔導問題之前，我們願意先從「拒用女職員」說起，以引起大家對於此事的注意，至於有很多機關拒用女職員，據說亦是「原非得已」而且「出於善意」，那麼，我們當然也不是「一概而論」了。

二

其次，說到「拒用女職員」的原因，筆者以為應從下列三方面去著眼觀察。我們既不能抹殺客觀的事實，就不能不給有意歪曲現實者以無情的打擊。

現在讓我們先從「婦女本身的弱點」說起。

不可否認的，在今天許多職業部門中，有很多婦女的能力太低。他們離開學校以後既不繼續努力進修，而到社會上來，對於工作也往往抱著遊戲的態度。以致於

影響工作效率，而牽制了整個計畫的推行，一般已婚婦女有時為了家事和孩子的累贅，時常把時間完全消耗在家庭方面，對於工作，敷衍塞責，沒有責任心，不求上進。而一般未婚女子，虛榮心總是特別濃厚，對於自己的前途事業既不去作打算，而整天的工夫卻常常用在應酬和修飾上。這樣，自然會使人不滿，會使人把女子看做「花瓶」，看做好吃好穿任事不作的「天生尤物」。因此，這便被人持為「拒用女職員」的理由之一了。

第二個理由，便是所謂的「婦女無用論」。他們是根據男女在生理上的構造不同，所以幾千年的社會都是男性中心社會，幾千年的歷史都是「男治其外，女治其內」。女子應依靠男子生活，女子應當為男子的「附屬物」；所以女子不能參加社會活動，不宜於過於煩勞的工作。只要能「在家從父，出嫁從夫，夫死從子」作一個賢妻良母就夠了。換句話說，女人根本就沒有在社會上工作的能力。同時女人也不應該有在社會上活動的能力，「女子無才便是德」，所以女子只有在家裡「生育子女，管理家務，伺候丈夫」！因此我們的「古訓」在「三從」之後，就只要求再在「品貌言行」方面好一點就得了。於是，婦女來社會上佔一個位置，自然就不能不說是多餘的。

至於第三種男女分工的妙論，筆者以為已用不著再來說明，現在我們且來引某主席答覆停用女職員的一段偉論就夠了。「若論工作」某主席說。「則不但男女不能一樣，同是男性，亦各有所長，難免彼此差異，……社會上各種工作，有適於男子的，也有適於女子的，如

煉鋼廠、兵器廠、鐵工廠等，是適於男子的工作，又如紡織廠、火柴廠、製茶廠等，是適於女子的工作。石匠、泥水、木匠，適於男子擔任為宜，育嬰、裁縫、烹飪適於女子擔任，至如行政官、軍官、法官，則以男子為宜……。」因此，不宜於女子的工作，當然就不能不讓男子來擔任，而對於「女職員」則只有加以「拒用」或「制限」或「裁退」的一途了。這是「拒用女職員」的三個原因。

三

我們現在可以從上述三個原因，來作為討論「婦女職業的輔導問題」的根據了。不過，在未開始討論之先，我們覺得有抽一點篇幅對於上述三項「理由」來為我們的讀者加一點說明的必要：

關於第一同第三兩項，我們認為有一部份的原因卻屬事實問題，但卻不能抓著這局部的事實，而與整個問題混做一團，我們不能把特殊和例外的情形藉以措詞的口實，我們要觀察一個問題的本質，就必須追求其事實的真相，研究其事實的全體和表裡兩面。那就是說，我們絕不能因少數花瓶式的婦女，少數意志薄弱愛虛榮的女子，拿來當作「拒用女職員」的口實。我們絕不能以少數女子不能作的工作，或少數工作女子因體力或其他關係而不能作的工作，拿來藉為男女分工的詞令。例如石作、泥水、木匠等工作，本來有一部分婦女因為體力的關係，不能擔任，但這絕不是說中國每一個婦女都不能勝任這些工作。又如鋼鐵廠，鐵工廠，兵器廠，這

些工作也許不適於目前中國女子來擔任，但行政官、軍官、法官，為什麼也不適宜於女子來擔任呢？這只是知識、經驗、技術、修養方面的問題，為什麼要說「只宜於男子擔任」呢？難道這還也與生理構造的不同，體力大小差異有什麼關係嗎？今天在街上我們可以碰到奇裝異服的擦胭脂塗口紅的「花瓶」，難道我們沒看見在另一面有著一個另外相反的事實存在嗎？在前方，在後方，在淪陷區裡，我們不是有著無數的女戰士在那裡拿著自己真正的血汗為國家民族而效力嗎？在工廠裡，在農村裡，在各種工作部門中，不正有著無數的女英雄在和男子一樣的競賽著工作嗎？誰能否認這些事實呢？誰能否認婦女在抗戰中沒有盡力呢？誰能說今天的中國婦女是「完全無用」，誰就是有意歪曲現實的昏庸者！

現在我們言歸正題，且來研究如何解決婦女的就業困難吧！

解決婦女就業的困難，應當先從幫助婦女克服其本身的弱點做起。這大概是誰也不會反對的。因為我們要進一步的去觀察婦女失業（或無業可就）的原因，那我們就不難明白解決婦女就業困難的最迫切的工作，不僅是要呼籲社會上的人士，對於婦女不要歧視，要「拒用女職員」的機關，立即開放大門，要政府在法律上給女子與男子絕對平等的機會，而且我們還應當積極的幫助每一個職業婦女，克服其先天或後天，生理或非生理上的弱點，並舉辦一切實際便利婦女的設施，方可幫助解決其實際上之困難。

（一）幫助婦女克服其本身的弱點

現在我們來先從生理上的說起。所謂女子生理上的弱點，這是一種先天的弱點，是我們幾千年來封建社會所給婦女遺下來的一個深惡的病根，今天我們一時要想完全除掉這病根固不容易，但是，我們若要從後天的培養和鍛鍊來補不足，來改不善，這確屬必要！歸納起來，我們須趕快從下述幾方來進行：（1）提倡婦女體育。（2）加強婦女生產勞動。（3）在可能範圍內，應給貧苦婦女（尤其是「抗屬」）的生活予以合理的改善。（4）在各鄉鎮、工廠、農村……普遍建立婦女保健所，助產院等設施，並規定產婦的休假期限。（5）禁止幼女纏足。（6）革除早婚制度。（7）嚴厲取締公婆毒打媳婦之惡習……等等。假若這些工作我們都做得很好，而且普遍的話，那麼我們相信這一定會有益於婦女身心的健康的。但可惜得很，我們今天已經做到的還少得可憐，大多數的農村婦女，工廠女工都還在過著比牛馬還不如的生活，如果你不相信，你儘可以跑到農村裡，跑到工廠裡，跑到都市的貧民窟裡去看看，你就會明白她們是過得怎樣的生活，受的怎樣的待遇了。陳白塵先生在《秋收》裡把姜大嫂的生活描寫得好，描寫得真切，那是中國今日農村裡所存在的活生生的事實！我們看他說：

「她的丈夫去年抽去當兵打日本鬼子了，她自己一個人在家裡掌管家事，還要種田下地，一天忙到黑，兩天做到晚，在半夜三更的時候，別人都睡了她自己還要問候婆婆，說不定這在白天裡已經疲勞得支持不住了

的身子，還要受婆婆的打罵！自己在氣得沒有辦法的時候，只有拿自己平時最疼愛的三歲病孩子來出氣……。（大意）」像這樣的生活如何能使一個女子先天本來就不足的身體，不更會一天一天的削弱下去呢？所以我們要幫助婦女解決她們的職業問題，我們首先就要幫助她們辦到上述七事，使她們在身體上體力上，能漸漸與男子平等。如此，婦女才可以真正與男子作同樣的工作，因為上述七事都是直接或間接幫助其強健身體的途徑。

（二）幫助職業婦女解決其就業與結婚的矛盾

　　記得前面已經說過，「拒用女職員」的原因中有一條是……一般已婚婦女，有時為了家事和孩子的累贅，時常把時間完全消耗在私人與其家庭方面，對於工作敷衍塞責，沒有責任心，不求上進……！這樣自然會使人把女子看做「花瓶」，看做好吃好穿任事不作的「天生尤物」！因此，職業婦女在今天，結婚與就業無形中就發生矛盾。換句話說，職業婦女要結婚就必須放棄自己的職業，放棄自己的一切抱負和理想，趕快安安靜靜的回家去，帶小孩子，管理家務，伺候丈夫去。若不然，你就只有抱「獨身主義」的一途了，這是一樁多麼奇怪而又令人可怕的事，所以今天要談輔導婦女就業問題，我們就不得不先解決結婚與就業的矛盾。結婚是人生過程中必須經過的一個階段，是男女共有的權利，尤其是在民族生死垂危的今天，我們提倡生育獎勵生育已來不及，我們哪裡能用拒用已婚婦女就業來壓迫婦女逃婚和生育呢？因此，相反的，我們各機關賢明的領導者，不

但不應該用「拒用」或「裁退」的手段，來壓迫婦女結婚和生育，而且我們還要去獎勵婦女生育，優待已婚婦女，所以我們今天要使職業婦女能安心工作，能專力服務社會，那麼，我們就必須要求政府和社會人士為已婚婦女必須積極籌辦下述諸事。

（1）我們要求政府為職業婦女普遍在各地創立托兒所，兒童教養院，公共食堂，和合作社等，使婦女能從家事和孩子的包圍中解放出來，專門為工作而操勞，不致荒廢其家事和其子女的教養。

（2）我們要求政府通令各機關不准拒用或裁退已婚女職員，或更在法律上明文規定婦女在產前產後有若干時的休假期，並發給其薪金，切不能因其已婚或已有子女而禁用。

（3）我們希望貧苦多子的母親，能得著國家的一定的津貼，或社會慈善機關的幫助，尤其是「抗屬」我們更應當特別給予安慰和照料。

（4）從已婚婦女本身來說，我們應當把家庭觀念放淡薄一點，提高我們的工作與趣，加強我們事業信心，負起責任來，決不能藉故推托工作，逃避工作，把眼光放寬一點，用工作來作我們的安慰與娛樂。

以上幾點雖然都是「老生常談」，但是，我們以為在還沒有完全變成事實以前，我們提出仍然是有意義的。最後，我更可以舉一個實際的例子來說明我們這些要求並不是苛求，是「天下已有事實在」的。根據最近統計所示，在 1939 年一年中，蘇聯國庫為保護母親和

孩子的健康，支出竟達三十萬萬盧布（3,000,000,000）之多，為產母及孩兒所設的顧問站，在全國共計約達五千所。……設立在各地的產婦修養院可容二萬餘人。……現在全國的各城市設立的托兒所能容納孩兒共計約達七十萬人。……各農村裡共有幼稚園二萬五千所，在夏季中各農村裡的托兒所及兒童遊戲場所容孩兒約達五百萬人，在全國各區建立了二千個大規模的廚房，供給孩兒的飲食。在 1940 年開始，受到國家津貼的母親有四十四萬一千二百人，其中有三十九萬五千八百二十九個母親生產了七個至十個孩兒！……（見《婦女生活》百期）。

啊！我們看了這一串數目字，我們將是如何的慚愧！這說明了我們欲求得婦女的真正的解放，不但應有自身的覺悟，以埋頭苦幹的精神，團結的力量來取得政治與法律條文上的保障，並且要有便利婦女的實際措施，才能獲得與男子同等的地位。

（三）輔導婦女進修

在技術上，我們最低限度的要求是：幫助每個婦女都學得一種生產的技能，以使她們有獨立謀生的本領，不依靠別人，不依靠丈夫，自己的經濟能夠獨立！（自然，那些願以終身來從事政治，文化，教育……的婦女，當不在此限）。具體的辦法，我們以為除了請求政府在各地增設女子職業學校，及女子特殊技術訓練班以外，主要的還應當是在發動大批的家庭婦女，施以短時間的訓練，直接去參加各種生產部門的工作。這種訓練

用不著花很多的金錢，或開大規模的訓練機關，因為在目前各種手工業的生產中，技術都簡單易學，並且若要技術熟練，只要有較長的時間工作就夠了。所以這是一種便宜而討好的辦法。筆者此次從前線來，看見戰地很多婦女生產隊她們都是這樣幹起來的。有許多一向不出閨門的婦女，現在竟變成為抗戰而生產的一員了。

在知識和道德上的進修，我們認為和技能的訓練是一樣的重要，婦女在今天應當和男子一樣的有享受各種教育的機會，婦女在今天也應當和男子一樣的在社會上比肩作人，所以婦女在今天應當努力求知，尊重自己，把事業放在第一，把學習放在第一，把自己的人格放在第一，教育當局應該放棄過去對於婦女歧視的偏見，打開「不收女生」的大門，讓婦女和男子一樣的求得她們謀生的技能，滿足她們的求知慾望。社會人士不應當僅僅的只記得挑撥婦女的缺點，應該以鼓勵和輔助的態度來給她們以改正與指導。

（四）普遍創立婦女職業指導所

以上是我們對於輔導婦女就業問題所提出來的三項意見，這三項意見都是根本治療婦女本身弱點，或解決婦女就業的各種困難的。假若我們都能切實做到，那麼，婦女就業的根本困難已經消除，這裡所剩的就只是職業的介紹和指導了。而普遍創立婦女職業指導（介紹）所，也就是我們在輔導婦女就業問題中所提出的最後一個具體的建議。在這裡我們僅在原則上提出一些意見，也就算作本文的結論了。

　　在原則上，我們要求指導（介紹）所（a）要普遍而深入，不要集中城市，要向窮鄉僻壤裡去發展。（b）在組織上，要簡單靈活，以能減少費用節省開支。（c）利用一切可能得到的幫助去開展工作。

　　在工作上，我們覺得指導（介紹）所應配合當地熱心服務的人士和各種服務機關開展以下工作：（a）介紹已經失業的婦女就業。（b）誘導家庭婦女出來參加各種生產工作與社會活動，（c）指導婦女在就業時選擇其合乎其興趣、能力、身體年齡的工作。（d）舉辦一切可能做到的關於婦女兒童的福利事業。

　　如此，就可以使「無業者得業，得業者樂業」了。

　　　　　　（《婦女共鳴》，第 10 卷第 5 期，1941 年）

組織婦女生產合作社之理論與實際

高能成

人類為了想使自己能夠在社會上生活下去，就要設計去找飯吃，去找房子住；到遙遠的地方的時候，還要去找舟車轎馬。現在，科學昌明，代步的還有火車、輪船，以及瞬息千里的飛機、飛艇。

能夠達到上述「衣食住行」四者，我們生活才算圓滿，否則，我們便不能生活，便不能生存在社會上。所以「衣食住行」為我們生活的全部，四者缺一不可。如果四者之中，有一部份不能解決，我們的生活，就不算完全，我們的生活上，就會感到有一種缺憾！

可是我們要解決「衣食住行」，一定要自己去設法，因為糧食、衣服、房屋、代步的舟車轎馬……等等，並不是天生來就有的，這些，一定要用我們的勞力去經營，才能夠有最後的獲得。但，我們用勞力（或勞心）去解決我們「衣食住行」四方面的這種謀生的方法是什麼？這種謀生的方法，簡單一點說，就是「生產」——這種生產，便是我們所稱的「作工，再普通一點說，「做活路」！

「生產」，如果以它的意義來解釋，就是把無用的東西，變成有用的東西。譬如說，土地是一件無用的東西，所以我們種田，便是將無用的土地，變成有用的糧食。這種行為，我們便可稱之日常生產。除此，我們將無用的土地，變成有用的棉花，更把無用的棉花，變成有用的線子，更把無用的線子，變成有用的布疋，更把無用的布定，變成有用的衣服，那是「化無用為有

用」，都是一種生產行為。

　　生產的意義，我們明白了，那麼，我們還要更進一步問，我們為什麼要生產？我們生產的目的安在？

　　這個答案是非常顯明的，我們的生產是為了我們的消費，是為了我們本人要活在這個人世上，生存在這個社會裡。

　　我們因了要活在這個人世上，生存在這個社會裡，便需要消費。消費的意義，便是設法滿足我們人類「衣食住行」四大慾望。明白一點說，就是將有用的東西的效力用去。譬如說，衣服是有用的東西，我們把衣服拿來抵禦外來的寒冷，便是滿足我們正當的慾望。我們把衣服穿爛了，這種有用的東西，便不存在，這便是我們所說得消費。其他，如將有用的糧食用去，以滿足我們飢餓的正當慾望，將有用的樹木焚燒，以滿足我們取暖的正當慾望……種種行為，都是消費。

　　我們根據上述這種認識，所以我們認為我們為求生存，便是消費，要消費才能滿足我們「衣食住行」四大正當慾望，才能夠在社會上生活下去。由此便可知消費的重要了。

　　消費既是如此重要，可是社會上關於「衣食住行」種種資料，並不是像空氣及飲水那樣隨處可以獲取。一定要我們以勞力去創造，去將自然界中無用之物，化為有用之物，即是說要生產，要生產才能消費。消費為滿足人類生活的要件，生產為人類生活的根本；從事生產而消費，是人類的天職，不生產而消費，算是「不勞而獲」，算是沒有盡到做人的責任，簡直還可以說是人類

的恥辱！

　　我們了解了這個道理，知道了人類為了求生存便要消費，為消費便要生產。所以，我們目前應當講求生產的道理，我們如何去生產？我們怎樣去生產？

　　現在我們講的生產，不是個人的生產，而是說的大家來共同的生產。我們為什麼不講個人生產而要來講大家共同的生產呢？這，也很顯明，因為個人生產能力，只有一方面，不是多方面。種田的只會以種田的方法來生產，做手工業的只會以做手工業的方法來生產。教書的只會以教書的生產方法來生產，一個人絕對沒有又會種田，又會做各種手工業，又會教書的道理。一定要去與人發生互助關係，種田的生產糧食去幫助人家，他需要鋤頭，有鐵工去幫助他；教育家以自己的智識去幫助人家，教一般民眾識字，需要衣服，有織工縫工去幫助他。社會便是由你幫助我，我幫助你的關係而組成的。任何人也不能離開這個互助關係。所以我們生產應當要與人合作，這種生產方有意義。

　　嚴格說起來，社會就是一個大的合作社，人眾一面向社會生產——各盡所能，一面向社會消費——各取所需。一面分工，一面合作，你幫助我，我協助你，「人人為我，我為人人」！

　　婦女佔社會上全體人類的半數，也有求生存的本能——消費，同時對社會也有生產的天職。在組織上更有協力互助，生產合作的需要。因此，婦女界也應該立刻起來，成為新時代的生產婦女，並應立刻起來組織生產合作社，使大家能夠合作生產，協力互助。

　　我們基於上述的理論，所以婦女應當有組織，每縣的「婦女會」便是在這種意義之下產生的。無論任何婦女，都應當在這種「協力互助」的認識之下加入這個組織裡面來。

　　婦女會的任務本來很多，我們從婦女會組織大綱第二條第三項：「關於發展女子職業事項」一點來說，這種工作的建立，最好是在婦女與婦女之間的消費生產的關係上。換言之，即是組織婦女生產合作社為一個縣裡面的「婦女會」重要工作的一部份，參加婦女會從事生產，是任何一個婦女所應有的責任！

　　我們所說的組織婦女生產合作社的辦法，以一縣來說，應以保為單位，組織一個「保婦女生產合作社」，每鄉鎮組織一個「某某鄉鎮婦女生產中心合作社」全縣聯合組織一個「某某縣婦女生產合作聯合社」，使這種合作社的組織，成為全縣婦女會領導生產婦女的外層組織，發生婦女會的會員領導所組織的合作社社員們「黨團作用」，從此更可以進一步完成婦女會組織大綱規定婦女會的第一項任務：「籌辦一切改良婦女生活及其習慣事項」。

　　每保的婦女生產合作社，在鄉村中注重農產品生產，和紡織品生產。城市中注重紡織品生產，和刺繡、縫紉……等生產品。婦女會員如果要盡到組訓本縣婦女的任務，必須要在這「生產合作」的關係上去領導。要這樣，婦女會的工作，才能與一般婦女的實際生活，打成一片。同時，我們可以由此種經濟上的關係進而為政治上的關係，使每一個合作社的社員，在日常社務的執

行上，把她們訓練成為一個優秀的行使四權的婦女幹部。這種訓練便代替了我們保國民學校「婦女班」的公民訓練，保婦女生產合作社，便成了「婦女班」活動教學的場所。保婦女生產合作社的社員，不但要受「婦女班」的智識訓練，而且要受嚴格的軍事訓練。使「經濟」、「武力」、「教育」三者合而為一，完成「管教養衛」四者共同的發展。

各鄉鎮組織的「婦女生產中心合作社」，為各保「婦女生產合作社」的放大型態，它對保婦女生產合作社的關係，正如保婦女生產合作社對社員一樣，以共同經營的方法，謀共同生活的目的。至於全縣的「婦女生產合作聯合社」，當然直接由縣婦女會的工作人員來領導。

一縣的婦女會，既決定「婦女生產合作社」為基本工作，便可證明婦女會的工作，在方法上是不成問題的，所成問題的，只是缺乏推行這種方法的婦女工作幹部。所以，訓練幹部，實在是各縣婦女會在現階段刻不容緩的工作。

每縣婦女會工作幹部的人數，當然是以全縣保數來決定，以每保實際需要而言，每保至少需要工作幹部三人，以一人作保婦女生產合作社的經理，一人擔任保國民學校「婦女班」的教師，一人作全保女壯丁及女童軍訓練的負責人。這三個工作幹部，便成了縣婦女會在每保的基層組織——小組。

上述的婦女幹部，除保國民學校的教師及訓練女壯丁女童軍的負責人，由婦女會在本縣教育科檢定合格的

小學女教師中決定人選外，保婦女生產合作社經理的人
選，目前頂好由各縣婦女會舉辦一個短期班，給以合
作社及新式簿記方面最基礎的訓練。這是目前最迫切的
工作。

（《婦女共鳴》，第 10 卷第 5 期，1941 年）

論婦女職業問題

國華

一、問題的提出

「對於已婚女子不得投考，既入局後屆結婚時即予裁退」，這是去年九月郵政總局限制女性職員的通令，它是抗戰三年來限用女職員的先聲，同時也把全民戰爭中應該認為不成問題的婦女職業問題又提起了。

他們的理由不過是說婦女能力差，責任心少，尤其是結了婚的婦女，更易因家事和照顧小孩子而分心，這個理由的背後恐怕還有不好意思說出，婦女侵佔男子工作位置的理由吧。

今年七月六日《大公報》上，發表了端木露西先生的「蔚藍中的一點暗澹」一文，她主張「一個女子為了她自身的幸福」，應在「小我的家庭中，安於治理一個家庭」，她覺得現在非婦女獻身社會之時，即或有些部門裡僱用女職員，也不過是「花瓶」而已，簡直是「蔚藍中的一點暗澹」，倒不如回家庭去「做一個好母親，好主婦」。

端木先生的文章發表後，引起了許多婦女工作者反駁，但另一方面也引起一些殘存封建意識的人們的共鳴，他們雖未形諸筆墨，而事實上是在推廣「婦女走回家庭」的運動，婦女職業問題也因此而更提高的了。

二、歷史的方向

我國是個半封建半殖民地的國家。無論男女都是被壓迫者，過著悲慘的非人生活，何處有幸福的家庭？就說有一部份人認為他的家庭是幸福的，在敵騎侵略狼煙

血腥的三年中，完美存在的又有多少？在敵寇鐵蹄下，遭遇最不幸的是婦女，多少人被姦淫，多少人被屠殺，多少人被俘獲，更有多少人流浪在後方，流浪在街頭，家沒有了，學校也顛覆了，要她們到那裡去呢？

她們需要生活，她們就需要工作，假如沒有正當的工作位置，為生活所迫，只有挺身走險，步入墮落的一途，這對於社會又有什麼益處呢？事實上，抗戰以來，因為男子大批的走上火線，許多工作都由婦女來代替了，在這方面我們雖沒有統計過，可是明眼的都會看到，各機關、各團體各種事業部門都有婦女工作人員在活躍著，比戰前人數要多得多，比戰前的工作範圍也要廣得多，這是一個絕對不能抹殺的事實。

在工作的態度上，十分之九的婦女們再不是敷衍塘塞，而是肯負責認真苦幹，她們再不希圖僥倖，而是求在切實的工作中鍛鍊自己，她們再不被人目為「花瓶」，而是實際工作者了。

在這種情形之下，男女工作者之間，是不應存在著「婦女侵佔男子工作位置」的觀念的，婦女職業問題，絕不應視為兩性對立的問題，而應以怎樣去建立並擴大抗戰建國事業去處理這一問題，這樣，也許還要鬧工作人員的恐慌哩。

把婦女趕回家庭去，束縛在煩瑣事務上，為個人服務，這是扭轉歷史的作法，封建意識的恢復，是不適合我國當前的實際需要的，我國現在正是處在民族解放的時代，我們的婦女基本任務是反對日本帝國主義與殘餘的封建勢力，要完成這個任務，主要的手段是在全民動

員，而想把全民中半數的婦女排除在外，這無論如何是不可以的，這個道理今天已成為一致公認的不可移易的真理，誰違背這個真理，誰早晚會有一天要被歷史的巨輪輾碎。

婦女職業問題是反封建鬥爭的一部份，和中華民族解放運動是分不開的，要抗戰勝利就必須把婦女由家庭的瑣事中解放出來，為社會服務，要她們為社會服務，就必須給她們以適宜的工作職位。

三、怎樣爭取問題的解決

不論某些人怎樣說婦女不宜於服務社會，不論有些人正在執行縮小婦女職業範圍，但客觀環境顯示給婦女們的，還是許多婦女從事社會工作的有利條件，問題在於我們怎樣去利用這些條件，爭取職業範圍的擴大。

一般的說來，婦女工作的能力是比較男子要低些，但這並不能據為斷定婦女天生低能的理由，甚至認為婦女永遠不能和男子平等，婦女低能的表現是根據於環境的束縛，學習工作機會的缺少，工作經驗的缺乏等等，假若她們能和男子有同等工作的機會，那不知有多少驚人的事實會出現呢，抗戰三年來婦女工作的表現不有很多的實例嗎？工作能力高也並不是天生的，乃是在不斷工作中培養出來的，一個人不怕在開始工作時能力低，而怕不肯虛心學習，不去在工作求進步，因此，努力工作，在工作中學習力求進步，培養我們的工作能力，是我們婦女爭取職業問題的解決的第一件必須做到的事。

「一個女子一結婚就完了」，這是我們常常聽到的

一句話，這句話差不多針對著每一個未結婚前在社會上工作，而結婚後即退出工作的女子來說的，這的確是事實，而這事實也是很多很多的，不過其實這些婦女之所以不能堅持工作，我們卻也不能苛責她們個人，這不是個人問題，而是整個社會制度問題，現社會根本就存在著已婚女子不能堅持工作的因素，如家事必須處理，孩子必須照顧等等。可是這些因素今天卻也不是完全沒有辦法沖破的，吃飯問題可以成立公共食堂，孩子問題可以成立托兒所，政府或公共機關能夠設立是再好也沒有，不然，幾個工作者聯合起來，自己設法公推一、二人來主持也是可以的。

婦女爭取解放和民族爭取解放是一樣艱苦的過程，我們要有鋼鐵般意志，不屈不撓的精神，堅持我們的工作位置，有什麼困難設法克服，有什麼束縛設法去打破，俗語說：「吃得苦中苦，方為人上人」，這話對於堅持婦女解放的鬥士們，正是一個最好的箴言。

因此，堅持我們的工作崗位，堅持經濟獨立，加強對工作的責任心，力求工作上的進步，這應該是我們婦女爭取職業問題的解決的第二件必要作的事。

「眾志成城」這句古訓告訴我們要爭取職業問題的解決，必須全體婦女同胞團結起來共同努力，今天提起了婦女的職業問題，有許多婦女們總覺得這只是知識婦女的事情，與其他各階層婦女無干，這種觀念是不對的，婦女職業問題是整個婦女問題中的一部份，與各階層婦女是有著密切聯系的，這個問題不能解決，整個婦女問題也就不能解決，因此，不僅與職業問題有關的婦

女，應該聯合一致，彼此互助去爭取職業問題的解決，就是其他各階層的婦女也應當共同注意這一問題，不然，婦女都回到家裡去，還談什麼婦女解放呢？

婦女解放是民族解放的一環，正當敵人加強政治進攻，企圖分化我國內部團結的時候，居然有人提出復古倒退的，要婦女回到家庭去，這是完全離開抗戰的利益，違反「國家至上，民族至上」的原則的，在客觀上，這也正是適合了漢奸敵寇要徹底奴役婦女的口胃，我們是不應允許這種現象存在的。

擺在我們面前的是兩條清楚的路：抗戰則生，不抗戰則亡。婦女們要想獲得真正的幸福，只有在堅持抗戰到底的前提下，反對這種封建的復活，打擊敵寇漢奸們企圖奴役婦女的陰謀，堅持工作，爭取婦女職業範圍的擴大，以解決婦女職業問題，以爭取中華民族的光明前途。

（《廣東婦女》，第 2 卷第 6 期，1941 年）

婦女幹部的修養問題　　　　　黎亞

一、問題的提出

　　在三年來的民族解放的浪潮裡，湧出了千百個優秀的婦女幹部，她們深深地感覺到民族危機的日益加深，而且也更了解到，婦女自身的解放，是要在民族解放中去爭取的，所以無論在前方，在後方，在敵後，她們都以嶄新的姿態出現著。很多能幹的婦女在抗戰中英勇犧牲了，很多埋頭苦幹的婦女，還是在艱苦的環境裡鬥爭著；而且在持久抗戰中還會繼續培養鍛鍊出千百個更優秀卓越的婦女幹部來。

　　的確，抗戰是一個偉大的烘爐，它把一切腐化的垂死的黑暗的淬渣淘汰了，一切新興的，進步的，優秀的東西一天天提鍊出來，三年來，各方面都有了長足的飛躍進步，婦女運動也是一樣，但也不能否認的，抗戰到了今天，已進到了一個艱苦的階段，客的環境固然增加了很多困難，而主觀上的缺點，也沒有及時的克服，特別是婦女運動，可以說是最薄弱的一環。所以要克服這些弱點，要渡過這個最艱苦的階段，要使婦運能夠更進一步的開展，除了在政治，經濟方面力求進取外，還需要千百萬個婦女幹部，特別是優秀的婦女幹部，來擔負起這個重任。

　　「政治路線確定以後，幹部就是決定的因素。這是真理。」但幹部並不是自發地產生出來的，也不是培養出一個幹部以後，她就永遠是一個優秀的幹部。所謂一個幹部，一個優秀的幹部，除了客觀的環境給她幫助以外，主要的還是靠自己的不斷鍛鍊與修養，所以今天婦

女幹部的修養問題不是沒有意思的。

二、婦女幹部為什麼要有修養？

婦女幹部為什麼要有修養呢？這很容易回答的，為了民族解放，為了自身的解放，我們需要修養，這是不錯的。但有人要問，一般人都需要修養，為什麼要特別提出婦女幹部來呢？「對了，我們覺得，正因為是婦女，所以更需要修養，正因為是婦女幹部，所以更需要修養」，這話怎麼講的呢？

「過著什麼樣生活，就有什麼樣的思想意識」。我們都曉得，婦女幾千年來都是被壓迫者。特別是在半殖民地半封建的中國，婦女是受著雙重鎖鍊的，被壓迫像個囚犯似的，永遠關在家庭廚房裡。正因為幾千年來都是過著這種小圈子的生活，所以養成了婦女所特有的缺點，如短視，心胸狹小，忌妒，炊鎖等。

但客觀形勢已不容許我們這些缺點再發展下去，這些是自己的敵人，我們一定要打倒它，要不然，我們的工作不會很好的展開，我們自身的解放事業，也不能順利地進行。

我們都曉得，民族解放固然是長期的艱苦的事業，而婦女要求得徹底的解放，更是艱苦的長期的鬥爭。因此，作為一個真正的革命婦女幹部，就應當在革命的實踐中去多方面的鍛鍊與修養。這就是說，要用最大努力改造自己。

那末，能不能改造呢？我們回答，是能夠改造，而且是必須改造的。因為個人本身和人類社會，都有一種

進化的過程，都是發展和變動的，都是能夠而且已經在
鬥爭中不斷改造著。

所以現在問題不在於要不要修養，或為什麼要修
養，而在於修養些什麼，以及怎樣去修養。

三、怎樣才是個優秀的婦女幹部

婦女幹部既然需要修養，而且是能夠把自己改造得
好，那末要修養些什麼呢？換句話，要具備些什麼條
件，才能成為一個優秀的婦女幹部呢？

我們覺得，要做一個真正的革命的婦女幹部，要
做一個婦女幹部的領導者，要做一個民族革命的女戰
士，那麼底下的幾個條件，是值得我們做一個修養的目
標的。

第一，要有正確的世界觀與人生觀——人的一切行
動都是有人的思想意識來作指導的，而每個人又有她的
人生觀與世界觀，作為她一切思想行動的總的指導。所
以，我們一定要把握住正確的世界觀與人生觀，這樣，
才使自己在錯綜複雜艱難困苦的環境裡，不致迷失方
向，而且能夠克服它；這樣，才能了解到自己的事業，
在整個革命過程中的意義與作用；也只有這樣，才能夠
正確地認識到這次世界大戰的本質，以及今後的趨勢，
才能加強抗戰必勝，建國必成的信心，才能看到婦女解
放的遠大光明的前途。

第二，要有高尚而偉大的政治理想與實事求是的工
作精神—— 一般婦女總是怕談政治，不談政治，這的
確是個很大的缺點。我們要了解，婦女問題，並不是孤

立的，而是整個社會問題的一部份。我們婦女是最受壓迫的一部份，所以祇有在整個被壓迫的民族國家得到解放後，我們才能得到澈底解放。所以作為一個幹部，不但要關心政治，積極地參加各種政治生活，而且要有偉大的高尚的政治理想；不但要有這種理想，而且要有實現這個理想的實事求是的工作精神。（例如目前的憲政運動，我們就應該把它同我們的一切工作部門很好地配合起來）。所謂事實求是的工作精神，就是在工作中，不依賴，不好出風頭，而是腳踏實地去埋頭苦幹。

第三，要加強對革命理論的學習——有了革命的理論，才有革命的行動。我們曉得，理論是從實踐中產生出來的，但理論產生出以後，他就是我們行動的指導者。當然，一般人都應當加緊對理論的學習，但作為一個婦女幹部，更應該加緊學習。因為在今天，一般婦女對理論的研究，還是非常落後，而且還有很多對婦女運動的歪曲的理論——如最近端木露西的新賢妻良母主義，見《大公報》七月二十二日的「蔚藍中的一點黯澹」一文——因此我們不但要懂得社會怎樣發展的，要懂得婦女為什麼受壓迫，要懂得婦女解放運動的中心任務是什麼，而且我們還要把學得的理論，像一把武器似的，用來粉碎一切倒退的歪曲的理論。在今天要使我們的民族得到解放，婦女得到解放，那加強對於革命理論的學習，是最重要的事。

當然，理論的學習是多方面的，我們除了接受革命前輩的經驗教訓以外——書本的學習——我們更應該多多在工作中去學習。

第四，要有偉大的胸懷與遠大的眼光——「心胸狹小」，幾乎是婦女普遍的現象，這就表現在，處理事情易動感情，好笑、妒忌人家的進步，而自己又不肯上進，當面不肯批評人家的缺點，而背後卻要議論紛紛，為了一針一線的事就要大鬧意見等等缺點上面。至於把工作都丟了不管，「目光如豆」，這也是人家拿來諷刺婦女的。事實上，婦女的確也是有這種缺點，只看到眼前，不顧到將來，只顧局部，不顧全局，只顧個人，不顧全體，什麼事情稍微有些不如意，就大鬧別扭，影響全局。當然，這些缺點不是天生成就，也不是永遠不可改變的。這是多年來被束縛的生活中產生出來的，遺留下來的，但在今天，我們應該向這些阻礙我們發展的缺點做個歷史的總決算，應該要養成偉大的胸懷與遠大的眼光。

第五，不要自高自大驕傲自滿——這些缺點，在我們一般婦女幹部中，還是很多的。我們常常可以看到，有一些婦女幹部，當她做了一個時期的工作，或懂得了一些理論，有了點相當的地位，她就盛氣凌人，不可一世，常常看不起其他婦女，甚至於脫離了群眾。這種高傲的態度，實在是要不得的。一個婦女幹部，應該要養成虛心學習，不斷學習的精神。

第六，要有戰鬥的精神——女子在一般人的眼光中總是很脆弱的，而且事實上也是如此，在工作上受不了打擊，生活上不能長期地吃苦，稍微嚴格一點的批評，就不能接受。所以，我們一定要養成一種戰鬥的精神，碰得起釘子，受得起批評，在任何艱苦的環境中，能夠

不屈不撓的獨當一面的工作下去，對真理要不惜生命地去追，對黑暗的腐化的勢力，應該毫不客氣地去粉碎它。

總之，要做一個優秀的革命的婦女幹部，上面的幾點，是值得我們去修養的。

四、修養的方法

上面講了很多關於婦女幹部都應該修養的理由，但是我們應該用什麼方法去修養呢？是不是把一些修養的條文背熟了，就算是個優秀的婦女幹部？是不是買了幾本關於修養的書籍，關在房子裡去精讀呢？當然不是的，因為教條絕對不能指導我們的行動，而書本的學習雖是需要的，卻也不能脫離實踐。我們需要長期的、終身的在廣大群眾中去刻苦學習，去身體力行，這就是說，我們要虛心的去傾聽群眾的意見與批評，仔細的去研究生活中、工作中的實際問題，細心地去綜合經驗的教訓，並用學得的理論原則，去發現與糾正自己的缺點與錯誤。總結來說，我們的修養方法，不是像和尚尼姑那樣的修道，而是要：

1. 建立在經常的自我批評之上；
2. 不斷的傾聽接受群眾的意見；
3. 在工作生活學習中，隨時發現缺點，而且勇敢地克服它。

這才是正確的修養方法，這樣才能達到修養的目的。

在這個空前偉大的民族解族與婦女解放成功的前夜，在這革命戰爭的時代，每一個婦女幹部都應該要了

解到怎樣去加緊地在各方面鍛鍊與修養。

（《廣西婦女》，第 9、10 期，1941 年）

談談中國婦女職業問題與抗戰建國　慧

在封建制度下重男輕女的惡習，有了數千年的歷史，因此女子被鎖在家庭，常做男子的附屬品；這種錯誤的觀念，在我國還是牢不可破，看見女子在社會上工作，常生厭惡和輕蔑的心，近來更受國際潮流的影響，還有提倡「女子回到家庭去」的傾向，而顯出封建勢力的反映。

凡是接近北平金陵的地方，封建的思特特別濃厚，重男輕女的惡習，到現在還是未除，我們閩北各縣也有這種風氣，可是閩西南的女子，就大不相同了，如長汀、永定、晉江、惠安等縣的女農夫，漳清、雲霄、詔安、東山等縣的女鹽兵，以及福州、龍巖一部的女工，都能和男子一樣耕田，晒鹽，挑運貨物，而我們在南平、沙縣、永安等縣所看見新由福州移來唱著「伊」「呀」的女挑工，不是都和男子一樣的勞動嗎？至於漁船上的漁婦，航海的婦女，都能在驚滔駭浪中過著她的神聖生活，這尚是在下級社會勞動的婦女們，可以證明女子在職業上並不比男子的能力差，在智識階級婦女的能力也不見得不如男子，閩西南的女子，早已除解鎖鍊，與男子一樣負起生產的工作了，我們智識階級的女子更要怎樣？

國父推翻「滿清」建立民國，就提倡男女平等，中國國民黨對內政策第二條規定：「於法律上，經濟上，社會上確認男女平等之原則，助進女權之進展」。中華民國訓政時期約法第六條規定：「中華民國無男女種族，宗教階級之區分，在法律上一律平等」男女平等已

為本黨黨綱與根本法制上所確定，毫無疑義，又約法第三十七條規定：「人民得自由選擇職業及營業，但有妨害公共利益者，國家得以法律限制或禁止的」。這樣只要不妨害公共利益的職業或營業，女子都有自由選擇的權，這已獲得法律的保障，亦無可疑義，約法第二十四條規定：「人民依法律有服公務之權」那麼，女子可在國家機關服務，也為法律所承認，故女子職業，也不能加以限制，並且各人有各人的天才，不能限定某一種職業是屬於女子的。

在一九二九年世界普遍的經濟恐慌，各國失業問題漸趨嚴重，納粹希特勒上台，為要解決德國失業問題，便喊出「三K政策」，把在工廠，商店，及機關中服務的女子，一起趕回家庭，使她們的生活只限在廚房，教堂，育嬰上面，這無非是維持男性政權和救濟失業的一種自私的措置，現在歐戰已進入嚴重階段，人力物力都須要大量的補充，我想倔強的希特勒，當又會喊出女子要到工廠裡去，替代著當炮灰的男子。

我國自「七七」事變，發動全面抗戰，我總裁即昭告全國：「地無分東西南北，人不論男女老幼，均應一致奮起，努力抗戰，爭取最後勝利」，中國國民黨抗戰建國綱領第三十一條規定：「訓練婦女俾能服務於社會事業，以增進抗戰力量」國民參政會第五次大會也議決，「凡婦女所能任之公職，應儘量任用婦女」亦由中央通令全國知照，觀此可以明白佔全國人口半數二萬萬二千五百萬的女子在抗戰建國期中的責任；和男子一樣的重大，不應該再把她們關閉在家庭裡，削弱抗戰的力

量，更應積極的提倡女子職業，增加生產，共同負起救國的責任。

只要看到東北義勇軍之母趙老太太，太湖游擊區的女英雄蔡金花的抗戰事蹟，和曾參加過湖北湖南等省前線殺敵的黃秋女士，在重慶受訓完畢，重上前線做游擊區的政治工作以及親駕飛機環繞美洲，捐款救國的黃碧霞女士等，忠勇愛國的熱誠，真叫人欽佩！而報章上關於女子參加前線殺敵以及各部門的前後方政治工作，可歌可泣的事，也屢見不鮮，至於話劇宣傳歌詠演奏，民眾訓練，也都有女子參加，婦女隊的組訓，更為婦女界負起抗建工作的大本營。

聽說永安省立高級農職的女生挖田，挑糞，施肥等工作，都能和男生一樣的工作著，一點兒也不落伍，並且有一位女生，因家境清寒，膳雜費無著，在上課及耕種之外，還要替學校清除堆積的泥土，挖平地基，流自己的汗，換得膳費，這是多麼可羨慕的事，誰說女子體力不及男子堅強呢？由此更可明瞭女子非特不應忽略了本身對於家庭應負的責任，更應負起國民對於國家民族努力的工作——抗戰建國。

總之女子職業已有本黨黨綱與國法所確定，抗戰建國也迫切需我們努力，我們服從黨綱，擁護總裁不必顧慮目前的環境，只求充實我們德、智、體三育，抗建期中廣大的事業正須要有志氣，有智能的人來開發，希望我二萬萬二千五百萬的女同胞各守著自己的崗位，拿出我們的力量，向著抗戰建國的前程邁進！

（《華大青年》，第 2 期，1941 年）

抗建中婦女的職業問題

姒傑

一、婦女對抗戰的貢獻

　　五年來抗戰的過程當中，佔全國人口半數的婦女們，在最高統帥蔣委員長的英明領導之下，表現了她們無比的熱誠、勇敢、堅強、超越的意志和能力。使婦運在今朝轉入新的段落，接受著新的啟示，呈現著新的動向。這由於她們不願坐視祖國的危亡，及喪失婦女解放的機會。她們響應了抗戰的號召，走出家庭、學校、鄉村、工廠，來接受大時代的洗煉——各種戰時工作的訓練。然後，她們參加到前線，後方，以及敵後種種艱難困苦的工作團體裡去。從事宣傳和訓練民眾的工作，進而執戈殺敵，救護傷亡，慰問將士，扶助抗屬，撫育難童，勸募寒衣藥品，發動獻金義賣。尤以繼續與補充男子的工作崗位，參加戰時生產建設。使國計民生得以穩定，社會現狀得以調適。在工作中她們犧牲了——物質的享受，以及生命的貢獻——都有相當的鉅大。我們的指導長蔣夫人宋美齡先生曾說：「……這二、三年來，我親眼看到許多工作者，為了工作而犧牲了生命，至少犧牲了健康。許多人為過度辛勞而顯得十分憔悴了，但大家的意志更堅定，精神更飽滿……我確信我們中國女子，在戰時的貢獻，至少不下於男子的……男女地位應該是絕對平等。」可知，這些中華民族優秀的女兒們，不但沒有退卻和畏縮的表示。反而看到血肉紛飛的現實暴露，其敵愾同仇的心，也愈加奮發，她們的意志鍛鍊得也更加堅強；同時，由於在工作中，她們接受了新的啟示，越能明瞭自身職責之艱鉅，和本身力量之廣大，

於是，看清楚了祖國是有光明前途的，自然婦女也能得到絕對的解放。這啟示，使她們憧憬未來的遠大，她們的精神被感召了。邁起闊大的步伐，向前走去。

所以，我們深深地覺得：民族解放了，婦女的解放是自會成功的，然而，整個民族危亡了，婦女也將絕不會再有幸免和苟延生存之想，但婦女為求自身之解放，首先她應該要有職業，才是達到男女地位平等的先決條件，也祇有男女職業地位均等，方能使得大多數的婦女在抗戰中「竭盡其力」，以達「人盡其才」的目的。然後婦女權利才能真正臻于平等之地位，而解除婦女以往所受的一切束縛。

二、婦女應該參加社會職業

使婦女參加社會職業，這是抗戰啟發與運用廣大婦女力量唯一型態，實質上，也就是開廣了婦女報效國家的機會。民國十三年四月四日國父在廣東女子師範學校講演時曾說：「光復以後成立了中華民國，這個民國便是我們自己的國家，當中國國民有四萬萬，一半是男人，一半是女人。從前滿人做中國皇帝的時候，不但是女子不能問國事，就是男子也不能過問，經過革命以後，大家才都有份，大家都可以問國事，在十二月一日中國國民黨的宣言裡，有「確定婦女與男子地位平等，並扶助其均等的發展」的規定，最後，中國國民黨第一次全國代表大會宣言，所宣佈的對內政策裡也有「於法律上、教育上、經濟上確認男女平等之原則，助進女權之發展。」而在第二次代表大會中又有『開放各行政機

關容納女子職員與各職業機關開放』的具體決議。由上述的言論中，黨綱上、宣言上、政策上已明白確定，充分表現出國父對於女權之重視，而且我們最高統帥蔣委員長對於婦女的力量，不僅是重視，並殷切地希望婦女參加抗戰工作……。所以在新運六週年廣播中說：「婦女同胞佔全國人數之半，也就是我們整個民族一半力量所寄。」又說：「我們需要增進國力，是要使大多數婦女都能動員起來，在家庭，在社會上一齊策動改進國民生活和加強抗戰力量的工作。」女同胞在這樣賢明的領袖的領導之下，應該積極參加社會職業，否則，違背初衷，不肯努力參加工作，可以說：「不配做三民主義新中國國民」了。

這樣，事實在告訴我們婦女參加社會職業，不僅是應該的問題，而且是參加後怎樣去做工作的問題了。我們對於婦女解放事業固然是當仁不讓，而且應該積極地努力以赴。在現時看來，雖然，從工作中新增了大批熱誠、勇敢的婦女幹部，表現了無比的能耐，但不幸得很，在這艱苦的抗戰過程中，在國家正極需要人力、才力、物力總動員的時候，而「婦女回到家庭去」的論調，或明或暗的在波動，排斥與限制婦女參加社會服務的言行，也如連珠砲似的成串響起來。事實上，像這樣倒轉車輪的舉動，是不忠於總理遺教，不忠於領袖言行，不忠於抗戰建國的國策。

三、駁斥對婦女職業的錯誤見解

違反革命趨勢的言行，不僅是在叫囂，而且已經有

某些頑固份子在實行了。因為此，在言論上，逆流的婦女觀也出現了。當以主張「婦女回到家庭去」做「賢妻」、「良母」的端木露西先生，在抗戰三週年的前夕，以先賢的姿態，大無畏的精神，在大公報上發表了一篇「蔚藍中一點黯澹」的大文為代表，當時，各方面對這篇文中所提出的問題，曾經參與論戰者，計有：福建、浙江、江西、廣西、廣東、湖北……等省的婦女團體，端木先生提出這個問題的原意，似乎很洞察時弊，不過她所提出的問題，均不能有透澈的見解。至於給與婦運以理論上的提示，加重婦運的工作是很可取的，但是蹈入男性中心說的覆轍，就難免不有「因噎廢食」和「虛而不實」的地方，那麼，怎樣能夠逃出嚴正的人士而予以批判呢？

　　（一）婦女應否回到家去？抑應參加社會職業的問題──端木先生看到了「後方中上層社會的婦女的墮落，生活的萎靡，尤其是對一般知識婦女，女學生的虛榮、萎靡的傾向」表示了無限的隱憂，且引某刊物的宗旨：「我們既不欲單做『人』，我們即需知道怎樣做一般『人』。和「我們應有嚴格的人生態度，勇於負責的服務精神……擴大我們的母性愛，而做一個『人』，不願做一個『寄生蟲』。從智慧中獲取勇敢的人生觀」。這種虔誠的態度，勇敢的精神，誠然是可欽可佩，值得我們同意的。祇可嘆！端木先生的話，卻是前後矛盾的。且看下面的話：「在現代的社會制度組織之下，我們不能否認在二萬萬多的女同胞中，無論她的階級如何，十分之九的婦女歸根結底還是需要在家庭裡做主

婦，……在這種社會沒有澈底改革以前，一個女子為了她自身的幸福，似乎有權要求享一個幸福的家庭吧，在五年十年以後，我相信大部份人皆為主婦，在小我的家庭中，安於治理一個家庭。」這真叫人不懂其所以了。照端木先生前面主張做「人」的，而像後面容於治理家庭的舉動，是可以做得到的嗎？現實男女不能平等的原因，就是為了婦女脫離了社會的生產事業，以致在經濟上仰賴於男子，被叫做「寄生蟲」，婦女要做「人」，要求與男子平等，應該從參加社會事業，求經濟上獨立入手，可是，端木先生叫婦女做主婦，回到家庭去，於是違反了從經濟入手的原則。同時，叫婦女要有「勇於負責的服務精神，從智慧中獲得更美麗、更勇敢的人生觀」那麼，「在這種社會制度還沒有澈底改革以前，女子怎樣可以為自身的幸福，向新中國要求幸福的家庭，供自己享受呢？婦女既不能面對事實去參加抗建的艱鉅事業，還有何種理由要求平等權利呢？豈不知「國破家何在」婦女解放應該先求民族解放，男女地位平等，應該先求職業平等，大概是被希特拉的三 K 主義叫昏了頭──婦女回家亂喊一陣。

　　（二）婦女教育目標的問題──端木先生感到許多婦女生活無目的，生命無理想，又表示了隱憂，感到「因為我這一年來未見到的事實並沒有比從前進步許多。」「這一類型的婦女大都屬於中上社會。並且更重要的是她們都受過與男子相同的教育。」認為「看不出解放後的婦女和『我們的母親』有什麼區別。」端木先生對於上中社會的婦女理想痛加針砭，是完全正確的，

不過這一部份人已經將要被抗戰過濾為潛藏的渣滓，我們知道侷促一隅的人，祇是「坐井觀天」，僅知贅疣的一面，以為抓住少數虛而不實的現象，而判斷全部婦運在戰時的內容。不怪她要將「被解放的婦女，感到同『我們的母親』沒有區別了。」像「她為什麼受教育，受了教育以後怎樣？恐怕很少有時間來考慮這一問題了」這樣似是而非的籠統看法，是不能解決教育問題的目標，必須第一，明瞭現代婦女所處的社會環境；第二，問婦女受了些什麼教育？認識了些什麼；第三，要問問國家於已受教育的女子出路問題是否考慮過，所以，先從心靈上的解放來努力是不可能的，必須澈底糾正母妻教育的目標，而應以培植國家人材，給婦女發展天才的機會為目的。似那般與「達官」「貴人」「老爺」們節拍並奏的毫無工作的婦女們，應當受國家社會的制裁。

其他如某些省份禁用女職員，禁用已婚婦女……等事情，這一切言論上和行動上的謬誤現象，雖然在安徽省是未見，我們應當做前車之鑑——在安徽婦女的前途上，我們是不可不注意的，是給我們一個永遠不忘的警惕。

四、婦女職業應配合抗建國策

婦女的職業問題，既然達到男女平等之初步，所以應該與男子一樣，擔負性情所適的工作，應該配合抗建國策的要求，把所有的體力、智力，無保留的貢獻出來，而她們目前的重要工作：

　　第一，是參加戰時生產建設事業，積極謀抗建物質之發展，增強抗戰力量，奠定建國基礎，尤以維持與補充男子的工作崗位為最切要，到鄉村去耕種、墾牧、養蠶……等，是婦女特別要盡力的地方，同時如栽桑、績蔴、紡織、縫紉更是婦女的特長，務必要就性之所近，使「才盡其用」，如能創辦手工業，尤為抗戰期間的需要，可說參加戰時生產建設事業，實為配合抗建國策的首要工作。

　　第二，參加各戰場的戰地工作──精神重於物質的長期抗戰的時候，軍民合作，支持抗戰為最切要，如婦女服務戰地的有：湖南婦女服務團，西北戰地婦女服務隊，以及廣西、雲南的女學生軍，還有少數自發做游擊隊的，如全國游擊隊的母親趙老太太，如本省壽縣的萬三小姐，皖北的女鄉鎮長，都是值得我們效法的。其他如戰地工作，救護傷兵，運輸輜重，偵察敵情，防止奸偽以及勞軍等，都是婦女職業上應特別努力的地方。

　　第三，積極提倡社會教育──在新縣制普遍施行的今天，普及教育一事，實在是婦女職業上的急務、因為女同胞佔全國人口半數，積極提倡與推廣婦女教育，該是刻不容緩的事吧。即以每保設小學一所亦嫌不夠應時所需，必須增設識字班及巡迴教學，實行督導制度。並制定強迫婦女入學的辦法，以工作競勝工作，展開掃除文盲運動，提高婦女大眾的同仇敵愾心。

五、對婦女職業前途應有的認識

　　固然婦女參加社會職業是應該的，婦女解放是毋庸

異議的，不過只是要看我們自己怎樣去努力罷了。我們知道社會的傳統習性對婦女職業的非議、誤解，還是在明明暗暗中發生著，我們一方要克服那些謬誤見解，一方我們對於將來婦運的前途，應有一個光明的憧憬，我們應該：

首先記著：「要拿定主張，立穩足跟，自我奮鬥」，只要能把婦女解放和婦女職業連成一個環節，好好的運用，所謂「以工作競勝工作」，誰都不能遏制婦女解放的……。所以勢必加強本身的主觀力量，對於一切，才能應付裕如。

其次對於婦女解放的本質，要有清楚的認識，其本質是求整個社會調適。最後倍倍爾說：「婦女得到職業，是婦女得到初步的解放，」可見婦女解放是非常艱鉅的，正因為中國婦女被束縛，已有五千餘年，婦女在現在，能有參加社會職業的機會，僅是一株出土的嫩苗，將來的發榮滋長而肥大，正待我們繼續加倍的努力，西諺云：「最好的朋友是你自己，最大的敵人也是你自己。」澈底拋去所有的畏卻、屈服、哭泣，以及得過且過的弱點，把廣大的婦女力量集中起來，團結起來，發動婦女的力量，使侵略者與幫兇的奴才，在團結前發抖。

（《安徽婦女》，第 2-3 期，1942 年）

第二屆參政會二次大會討論婦女問題旁聽記

記者

　　本屆二百四十名參政員中，婦女祇佔十五名之少數。可是這十五位女參政員，並不放棄她們的責任，除了個人對國家社會的提案外，在會前由陳逸雲女士發起女參政員聚餐會，集中一個提案「婦女職業問題」。

　　她們的理由，是婦女在抗戰中，職業部門不但不能擴大，反而縮小，各機關不裁員則已，要裁必先裁女職員，使婦女無參加抗戰工作機會，更與動員全國人力不符，為婦女計，為抗戰前途計，婦女不能再四容忍，僉以集中力量，向大會提出請政府不能禁用女職員。提案起草人請史良，陳逸雲二人負責，提案領銜則請吳貽芳先生。

　　該會關於婦女問題提案有三，詢問案有二，茲將其提案原文及結果，記錄如下：

提案：請政府明令各機關不得藉故禁用女職員以符男
　　　　女職業機會均等之原則案
理由：

　　查男女平等，不僅為世界各文明國家法律之通例，即中國國民黨黨綱，與訓政時期約法，均有明文規定，自應切實奉行，本無再加計議之必要。無如近年以來，各機關各法團中，當招收職員或學員時，每有違反國法黨綱，限用男性之情事，而郵政局更有禁用已婚女職員之明文規定，他若關於技術，警政等方面之訓練場所，

及銀行招考練習生或學員時，亦多有同樣之事實發生。
究其所以拒用女子之理由，不外以女子能力薄弱，或難
于調遣，或恐發生兩性間之問題，或以設備不周等為借
詞，其理由之不充分，蓋甚明顯！竊念在此空前之抗建
時期，正宜盡量使用人力，男子踴躍赴前方服務，女子
更應在後方接替男子，參加各部門努力工作，以期早日
完成革命，然自抗戰以來，後方社會，不獨未見廣為培
植或延攬婦女人才，反有排斥女性服務機會之現象，此
種不合法之不平待遇，匪特不合男女平等之原則，實亦
國家人力之損失也。茲謹掬款忱，陳述於次：

　　一、查婦女界富有工作能力，足堪擔任各機關部門
之職務者，不乏其人，而社會人士，對於選用女職員，
往往不以人才為主，察其原因，大都為徇情所致。況現
在女職員為數至少，偶有因能力薄弱薄弱不能勝任工
作者，即致影響全體女性，而男子濫竽者，恐亦不在少
數，蓋因人數眾多，不易顯其短拙，而影響於他人耳。
此不足以女子能力薄弱為理由而拒用女職員者一也。

　　二、查女子雖間有因家務與兒女之牽累，或因丈夫
工作所在地之關係，以致不易隨時調遣工作者，因為事
實所難免，但此究屬少數，未可認為一般女子，類皆如
是，而男子中因父母年邁，或家庭負擔等之關係，不願
調遣亦屬常事。此不足以女子難于調遣為理由，而拒用
女職員者二也。

　　三、吾人欲增長國力，首宜人盡其才，各機關法團
中，倘因錄用女職員，有增加設備之處，亦應予以增
設，豈可因噎廢食，蓋當此建設伊始，百廢待舉，政府

恆以鉅額款項，撥作國家社會建設之需，今何獨吝惜職業婦女之小小設備乎？此不足以設備不周為理由，而拒用女職員者三也。

四、男女兩性之關係，原屬私人問題，各機關部門錄用女職員，既多不以人才為主，則女職員中不良份子，或意志薄弱者，自所難免，但考察兩性問題發生之實際情形，大都男子為主動，女子則為被動，而社會人士，獨對女子加以「行為不檢」之罪名，男子則可「逍遙法外」，天下不平之事，未有甚於此者。然此種不平之事，實因封建思想，未能剷除，革命精神觀念，未能發揚之故。社會人士應負糾正錯誤觀念，提高國民道德之責，豈可以此而剝削婦女職業之權益耶？此不足以兩性間之問題為理由，而拒用女職員者四也。

總之，女子受數千年舊禮教之束縛，至此革命時代，自宜活躍于社會，以期洗刷弱點，鍛鍊才能，俾可增強人力。今之拒用女職員者，既非黨國政策，又無法令根據，更非出自政府之命令，現雖未見諸普遍現象，但星星之火，可以燎原。

辦法：請求政府明令各機關，奉行黨綱法令，維護男女平等原則，不得藉故禁用女職員，以資增強國力，完成革命。

提案：請政府明令警官學校及警政訓練班招收女生以符男女教育職業機會平等之原則案。

理由：

查世界各國治安之完善與否，全視警政之良窳以為

斷，而欲求警政之良善，則訓練警政人才，實為先決條件。值此抗戰時期，國家為實行「人盡其才」，以充實人力計，尤宜注意女警官及女警察之訓練。當第一次歐戰時，歐洲婦女踴躍協助警政，貢獻頗多，即我國在抗戰前中央警官學校及各地之警政學校，與警察訓練所等，亦均招收女生，施以與男子同等之訓練，畢業後，分發上海、南京等地，或就地在警局服務，成績昭著！及抗戰軍興，當局不但不加緊訓練婦女，以增強前後方之治安力量，且反明令各警察學校，停止招收女生，使有志警政之青年婦女，竟無施展長才，為國效勞之機會，此實不能不使人深引以為憾者。若謂女子體力不及男子，抗戰時期，警察責任繁重，不宜於女子擔任，則以過去警官學校等女生之操勞精神，並不亞於男生。若謂女子智力不及男子，則各國警察當局，遇有疑難案件，往往利用婦女為之偵查，而調查戶口等之工作，亦有勝于男子之處。故英國警察當局，在戰時更利用大批婦女，擔任治安工作。至於學校設備方面，當局為警政前途設想，究宜以培植人才為重，實未可因區區設備費之關係，而不招收女生。況我國現在需用人力正殷，未必獨有警政人才豐富，無須婦女協助。為集中人力，加強警政，並為符合男女教育職業機會平等之原則起見，應請各警政學校及訓練場所，一律開放，招收女生，以造就女界警政人才，為國服務。

辦法：請內政部訓令各所屬警政學校准予招收女生。

提案：請規定母親扶助法以保護幼小兒童案。

理由：

母親離開家庭從事職業，影響於幼小兒童之教養，與其生命之安全甚大，此為不可否認之事實。一般人每每以此為反對婦女職業之理由，實則婦女從事職業，乃目前經濟環境必然產生之結果，非反對或禁止所能阻壓也。夫母無不愛其子，此乃人類之天性，苟非為生活所迫，又誰肯棄其呱呱待哺之幼兒，從事職業？抗戰以來，物價高漲，生活日見艱難，數口之家，已非男子一人之力所能供給，一般中級以下之公務員及學校教職員等精神勞動者的生活，則更為困苦，每每夫婦二人同時從事職業尚不得溫飽，為母親者身雖在外，而心實懸家，何能專心其職務，社會不體諒其處境之困難，反譏為女子能力薄弱，工作效率低微，又以之為反對婦女職業之根據。

抗戰以後，城市頻遭空襲，經濟充裕之家，母親早已攜其子女疏散於鄉間，惟經濟困難者因母親不能放棄職業，兒童不得不隨住城市，此等兒童，每因防空洞空氣惡劣，飲食無時，睡眠不足，而生病，而死亡，重慶一市，本年夏季死於肺炎之嬰孩，為數即已不少，其他疾病，互相傳染，情形亦至可怕。

今者抗戰已達四年有半，前線之犧牲與夫後方之死難，為數至巨，八中全會曾決議獎勵生育，以期增加人口，實則中國人出生數目殊不為小，惟因保育不良，死亡數目特大，苟不從保育方法著手，則獎勵生育，亦有何效？保護兒童之方法固多，規定母親扶助法，實為戰

時必要之舉。

　　要知兒童乃國家之未來公民，而亦民族之後代也，其保護責任，不應視為父母私人之事，其理甚明，而婦女職業之自由，國家不能加以禁止或限制，亦為三民主義國家不可違背之原則。現在婦女職業最發達之國家，除蘇聯外，首推美國，蘇聯扶助母親之方法為公立托兒所，美國扶助母親之方法，即為母親扶助法。美國人由實驗證明兒童離開母親，死亡率遠較母親自己哺育為大，而在民主政治之原則下，又不能禁止婦女從事職業，故有母親扶助法之規定，使有母之兒，可以不進托兒所，其詳細辦法各州略有不同，而以經濟力量扶助職業婦女，使其能留在家庭撫育幼小兒女之目的則一。以美國之物質條件，尚不能使托兒所之兒童免於不必要之死亡，我國在此戰時生活，物質條件異常惡劣，欲藉托兒所保護兒童，其結果不言可知矣。故擬請政府規定母親扶助法，以保障幼小兒童在戰時生命之安全。

辦法：

一、規定母親扶助法，凡家庭經濟困難之職業婦女，而有幼小兒女者，每月得由政府給與若干扶助費，至兒童滿四歲為止。

二、取得母親扶助費之條件：

　　a. 丈夫收入不足維持一家生活者。

　　b. 丈夫失業期間。

　　c. 離婚後丈夫不負子女教養責任者。

　　d. 丈夫死亡而無遺產者。

　　e. 無財產者。

三、婦女在領受母親扶助費期間不得從事任何專任之
　　職務。

四、母親扶助費由具備條件之婦女自由向政府請領，政
　　府不加強迫。

五、政府不以母親扶助法限制婦女職業之自由。

　　第一、二兩提案在審查會，並未留難，議決文第一
案為「請政府迅速切實施行」，大會無異議通過。第二
案議決送請政府採擇施行，大會亦無異議通過。惟第三
案請規定扶助母親法一案，因內容欠妥，經審查會幾經
辯論，在大會上亦引起爭辯的風波，而結果同情婦女運
動的參政員一致通過。

詢問案：

1. 關於婦女問題有呂雲章女士詢問內政部「為何各保
　　甲不許婦女充任戶主？」據內政部的答復謂「內政
　　部並無不許婦女充任戶主，大概各保甲智識缺乏，
　　沿用習慣法之故，此後訓練保甲長時，當改良其觀
　　念云。」

2. 伍智梅女士詢問內政部「任用女職員是最近各機
　　關日見減少」，據答「在內部屬下並無減少且有增
　　加云。」

3. 郵政局禁用已婚女職員事，在第二屆第一次大會時已
　　由陳逸雲女士提出詢問，而為時一載尚未見其撤銷，
　　因此陳逸雲女士此次再提出詢問。其詢原文如下：
　　「查郵政局禁用已婚女職員事，在前次大會已蒙張部
　　長允許即予改善，但時逾一載迄未撤銷。致使各機關

相繼效尤，影響婦女職業。此種禁用已婚女職員之法
令，不但有違動員人力之原則，亦違反總理助進女權
發展之主張，更違背中央提倡增加人口之意旨，敢請
部長迅予取銷以維婦女職業是幸。」

這詢問案提出後，引起全場的注意，尤以孔庚老先
生的見義勇為，起而響應陳女士的提案，他的理由認為
這不但與男女平等則不符，而且有違人道，事實上縱能
限制女職員結婚，也不能禁絕女職員戀愛，這結果徒使
社會增加紛擾與痛苦，實不能不加以挽救。

經孔先生的有力援助，張部長也誠意接受。答復
謂，以前之不能取銷，因在戰時女職員不受調動，擬抗
戰後取銷，今既有此理由，日內當命郵局負責人與陳女
士磋商改善云。（按參政會未閉幕前，郵局余副局長已
親自與各女參政員討論，且已允許於今年元旦取銷此項
禁令云。）

關於婦女問題，的確此次參政會給婦女界的援助，
而亦是我們女參政員的努力。今後希望這個提案變為有
力的建議，而不是一紙空文，這是全國婦女所希望的。

（《婦女共鳴》，第 11 卷第 1 期，1942 年）

各機關不得藉故禁用女職員

郵局女職員可以結婚

　　關於國民參政會第二屆二次大會建議請政府明令各機關不得藉故禁用女職員案，國民政府已於本年二月七日令飭各機關注意，茲將該項訓令原文錄下：「據本府文官處簽呈稱，准國防最高委員會祕書廳三十一年二月二日國紀字第二三五八九號公函開國民參政會第二屆第二次大會建議請政府明令各機關不得藉故禁用女職員一案，業奉國防最高委員會第七十六次常務會議決議送國民政府分飭各機關注意，相應抄同原建議案函達即希查照轉陳分飭各機關注意等由，理合簽請鑒核等情，據此應即通飭注意除飭復並分行外，合行檢發原建議案令仰知照並轉飭所屬一體知照。此令」。又關於郵局禁用已婚女職員案，當局近亦明令取銷。下為郵政總局本年三月五日除消禁用已婚女職員通令：「查已嫁女性不得報考郵局人員考試，其入局後結婚者則於將屆結婚時予以裁退，業經本局第 370 號通代電規定在案。茲為使男女性服務機會均等，並兼顧各局工作效率起見，經本局擬定嗣後郵局錄用女性職員，除消關於結婚之限制，唯各區錄用女性郵務員佐，以不超於男性員佐百分之二十度為限，業經請由大部呈奉行政院三十一年二月二十一日順肄字第 3155 號指令內開『呈悉准予備案此令』等因奉此，所有前述通代電內關於女性職員結婚之限制，應予取消，嗣後各區舉行初級郵務員及郵務佐考試時，可准已嫁女性報考，惟每次取錄女性人數，應不逾於規定錄用名額百分之二十合行通令各知照此令」。查此項

通令，雖已取消禁用已婚女職員之規定，但對名額仍有
限制。

（《婦女共鳴》，第 11 卷第 2 期，1942 年）

武漢大學女生致女參政員書

　　吳貽芳、張維楨、謝冰心、陶玄等諸參政員先生公鑒：近年來國營事業，如銀行、郵局等於招考職員時，正式標明拒用女性，昭昭事實，想先生等久已聆聞矣。我輩女子，誠如初出樊籠之囚鳥，方痛數千年重重桎梏之積弱難除，今忽到處享以閉門羹，剝奪其獨立自新之機會，是何異擺脫封建桎梏，又換上逆時枷鎖；且在昔因知識閉塞，受人虐待，尚能安之如夷，人亦不以為恥；今則人權發達，文明進步，人之意識，日益提高，因而獨立自尊之念日熾，凡稍有志氣之女子，鮮不以依傍生活為恥者，國家既予女子以平等之教育機會，而生活尚不能獨立，此在男子視之，亦覺可羞，故無論站在何種立場，獨立謀生之機會，實不可少。固然過去女職員中，有因不能勝任而僨事者，然究未可一概而論，為抗戰建國增長國力計，更不能因噎廢食，矧各機關之拒用女職員，既非根據黨綱法律，又非出自政府命令，而確係違法行為耶？此在袁昌英先生所發表之「法律上的平等」一文中，言之至詳，想諸先生早已過目矣。袁先生原係婦女先進，對女權之擴張，女青年之得失，關懷縶切，對此事甚且義憤填膺，前在其向吳張謝諸先生函中已備言之。

　　我輩女子求學經年，一旦學成而獨無致用之機會，徒生向隅之嘆！致使有志女子，學業未成而志先餒，居常失進修之毅力，處變無應世之訓練，從而釀成兩種現象，或則意志消沉，得過且過，或則對前途悲觀，失望積憤，終日似此，諸位先生及諸婦女先進致力婦運之

結果，恐將功虧一簣矣；而所期於婦女後輩者，亦將在
「拒用」之鐵牌下，付諸東流，即令目前「拒用」尚非
普遍現象，然星星之火，可以燎原，杜漸防微，曷在斯
日，故特乘參政會開會之際，列陳悃忱，呼籲糾正維護
黨義黨綱與法律之尊嚴，大開女子就業之門，予女子以
學成致用之機會，通過議案，建議政府，切實執行男女
平等之原則。諸位參政員先生或則黨國元老，或則時代
名流，固均深悉男女平等之精義，然男參政員先生，或
難免習見不除，且無切身之痛，故事之成敗，尚賴吾輩
之先導者挺身力爭，以維正義，而挽狂瀾，臨書企翹，
不勝殷殷在望！

敬請　勛安

國立武漢大學女生自治會啟

民三十年十一月七日

（《婦女共鳴》，第 11 卷第 2 期，1942 年）

婦女與職業問題　　　　　　雪姑

　　主張婦女不應從事於職業和各種社會活動的，現在
尚有許多人在提倡。其中比較重要而最佔勢力的意見，
就是從家庭和兒童的見地來反對的這一派。美國社會學
家愛爾烏德 Ellwood 的理論（見氏所著《社會學級》、
《現代社會問題》與《社會問題》等書）和希特拉的賢
妻良母主義，都是這一派的最好代表。在他們的意見是
以為婦女是家庭中惟一的負責者，亦即兒童的惟一保護
人；假如一個女人在國會中高談闊論，發揮其救國意
見，而家庭中的一個小孩子卻反而不知養育，一任奶媽
去瞎弄，則這個女人在議會中所發揮的議論，對於國家
和民族的影響，反而不如在家庭中好好地教育她的兒子
的影響來得大。何況現在家庭因個人主義的發達，與離
婚現象的增多，已在逐漸的崩潰，假如婦女再脫離了家
庭去從事社會會活動（夜裡方回家來，那是視家庭若旅
館了）。則保存社會產業，促進社會進展的家庭制度，
必然要更趨於潰滅。因此為家庭的存在和兒童的幸福起
見，婦女實沒有從事職業和社會活動的必要。這個理
論，在表面上看起來，似乎是有非常充分理由的。因為
兒童地位的重要和家庭制度的必需，是誰都不能否認
的。可是吾們如給他細細地分析一下，就可以知道這個
理論，實在是非常荒謬的。不但不合乎社會的進化觀
念，並且有礙於社會的發展。

　　現在無論何人總不能否認婦女是屬社會組織的一份
子；一個社會的進步與否，一個國家的盛衰如何，婦女
當然應有其不能避免的責任。雖然養育兒童也是婦女一

種天職，但若說：「凡是婦女，都只能養育兒童而不能做旁的活動，或者教育兒童一定能比男子教得好」，總沒有人敢下這樣肯定的結論。社會感空地失去了一半份子的力量，該是何等損失，從社會進化史上和人類學上去觀察，吾們不能發現男女果有什麼大差誤。在初民的時代，婦女是與男子同樣的工作，同樣的對家族負責，並沒有什麼男子治外，女子治內的這種謬論。其後因為經濟權逐漸被男子所佔有，於是女子始成為男子的附屬物，所謂「賢妻良母」，就是男子所希望於女子，而女子所貢獻給男子的。

在男性社會中為保持其統治權起見，竭力造出種種束縛婦女的行動，窒塞婦女智慧的方法來，凡是能夠使女人不與男子爭統治權的方法，不管它是否合理，均以「統治者」的地位強迫女人去服從。「賢妻良母」主義，是男子束縛女活動，阻止婦女能力發展最巧妙的方法。較之「女子無才便是德」，一看即知道是不合理的方法，實在高明得多。吾們知道這點，就可以知道現在一般人所提倡的「新賢妻良母主義」原是有一貫系統的，與過去的賢妻良母主義同是男性統治者壓迫女子不使抬頭的好方法，不過，因為現在的女子已不是從前的女子，故加上一個「新」字，實際上還不是「一丘之貉」嗎？

關於「新賢妻良母」的理論，作者在這裡不必多引，可是，關於這個思想來源，吾們卻願稍為加以分析一下，使讀者能夠明白為什麼要女人回到家庭去？

很顯然的女人到社會上來活動，在各方面都有很好

的成績表現，這對於男性社會實是一種重大的威脅。女人在男子的心目中，一向是一種好玩的心理，並不是一定明瞭男女的真實關係。在他們平素輕視女人心理的習慣下，以為女人即使給她一點活動，亦不至會有什麼成績，會有什麼影響，尤其不會想到可以侵害及男性的統治。然而事實卻出乎他們意料之外，於是過去的猙獰面目勢必將重顯出來，「新賢妻良母主義」於是此種意識下的出產。什麼理論，什麼理由，均是煙幕彈，假面具，吾們根本不須加以批駁的。吾們除出堅固婦運的陣線外，這種「新賢妻良母主義」、「舊賢妻良母主義」，簡直均可置諸不問的。

　　此外另有一部人的意見，適與前者相反，以為婦女要獲得真實的男女平等，務須要獲得經濟權，因此每一個婦女必須要從事職業，至於兒童則可以置諸托兒所，家庭在不久的將來社會裡面，定是要消滅的。所謂婦女必須從事職業的理論，較之前一派所說的，當然合理得多，可是尚有不盡然之處。婦女之應獲得經濟權，這是天經地義不容否認的，不過每一個婦女必須要從事職業，吾們卻不敢苟同。每一個婦女應該從事職業，在原則上是可以承認的，然而每一個婦女必須要有職業，這句話卻有語病，在他們的意見，以為男女能力並沒有什麼不同，以前所造成這種不平等的現象，大部是因為生理上的原因。男子因看到女人這弱點，所以才敢對女性施以壓迫。家庭與兒童是使婦女經濟權喪失的最大的二種基因。女子因有了兒童和家庭所羈絆，於是不能夠自由的去從事職業，經濟權才會給男子所佔去。吾們要達

到男女的真實平等起見，兩性關係不得不有徹底的改變，兒童既非個所私有，而是國家的一份子，則自應使兒童從小受集團的訓練，現在有許多托兒所，辦的成績，已經很能夠代表母親的撫育。這樣，一方面不至妨礙婦女從事職業，一方面又是以養成「國家的兒童」。吾們以為：職業不一定是要在家庭之外始可從事，在家庭內儘有著許多活動，可以從事，叫它為職業。嚴格地說起來，職業並不是僅為一種「謀生技能」，而應該是人類對於社會一種責任。從謀生技能上講，職業有等級之別，從社會觀念上講，職業並無高下，只問其是否應該為社會盡相當責任。買辦階級在第一點上是一種職業，在二點上，吾們就不能說它是一種合理的職業。倘若一個婦女，能夠很合理的教育她的兒女，則吾們覺得她已盡其責任了，不一定要在社會中謀生才行。而並且母愛的偉大，是任何愛所不能去比擬的，吾們有什麼理由一定要使婦女離開家庭、離開兒女去到社會上，硬把天性來磨滅呢？吾們雖然反對叫婦女犧牲職業回到家庭去，但吾們對於廢棄家庭制，硬要婦女離開家庭而去尋職業，也認為是一種不合理的行為。所以家庭與職業，並沒有什麼一定不能調和的因子在內。婦女之從事職業，或處在家庭，除出婦女自己本身之外，誰都不能干涉的。

　　吾們從各方面的觀察，覺得都不能發現家庭與職業有什麼不調和的因子。過去的家庭所以成為束縛婦女的牢獄，並非是家庭制度本身所造成，而是社會統治者的意識所造成。因那時的社會情形，是需要婦女做「賢妻

良母」的男性隸屬者，於是家庭才成為婦女唯一活動的
所在地。在原則上講，家庭應該是男女兩性共同組織，
共同維持，共同活動的一種機能。男女兩性儘可以把性
它之所近而選擇其活動的對象。如說女性一定比較適合
乎家事活動，這是毫無根據的讕言，有許多野蠻民族，
家庭中卻正是男性的活動所在地，而女性卻是反在社會
上的，這和現代的文明社會適得相反。吾們對於這種女
性在社會上和男性在社會上，從人類學上去觀察，除出
基於男女能力平均的觀點上去解釋外，還有什麼理由能
解釋這種現象呢？所謂婦女之從事職業是以妨礙家庭的
存在；家庭的存在，是以阻礙女子之獲得經濟力；實在
都是片面的觀察。

　　吾們知道，家庭是一種社會組織，並且是男女兩性
共同活動的社會組織；既不是女子的牢獄，亦不是女子
唯一活動所在。女子固然可以從事職業，以盡其對社會
的責任，亦可以從事於家庭活動——指教育兒童以盡其
對社會的責任。吾們覺得，女子之從事於職業，不但不
會妨礙家庭和兒童的幸福，並且反會增加家庭和兒童的
幸福。吾們從淺近的例來講，一般家庭之所以陷入於苦
窘的境界，除捨社會的經濟原因不談，生產者少消費者
多，實是一個重要的原因，尤其是在今日的中國，消費
者總以婦女佔多數，於是家庭中經濟的困窘，對於家庭
和兒童的幸福，都常置在腦後，因此什麼兒童教育，兒
童衛生，即完全會談不到，這樣兒童不但不會成為社會
上的有力份子，並且反易害及社會。故主張「優生學」
者，非常的注意這些。

　　假如再要女子回到家庭去，則除出增加家庭的崩潰速度外，吾們實在不能發現其他益處。至於把兒童的幸福來說，這是比較的有理由。可是時代觀念，卻不允許吾們閉著眼睛不見不聞，幼稚園托兒所等的組織，都可以完美的代替做母親的教育的責任，所成為問題的，只是生育及哺乳這一段時間，如在將來進化合理的社會，國家必然會有很完善的處置，現在有許多國家已有許多比較合理的規定了。

　　至於主張婦女應當在家庭中活動，而不應在社會中活動的一派人，吾們要問為什麼男子不應在家庭中從事活動？況男女對社會對國家均是同樣地負責的，不過能力上、知識上有所差異，並非是一言不易的定律，僅只是兩性關係畸形的進化所造成罷了。然從婦女自覺以後，這男女差異說，早已不成立，吾們有何理由能說女子是一定合宜乎家庭，而男子一定合宜乎社會，在男女關係趨於正當的發展中，吾們當可知道：男女對於社會，須依他能力的大小，同負他所應負的責任。吾們始終承認，男女只有生理上的差異，沒有能力上的差異，凡男子所能做的事，女子同樣可以做；女子可以做的，男子亦同樣可以做。如縫工、廚工，還不是很好的例嗎？

　　吾們以為男女兩性之對於社會所負的責任，只應當以能力的大小來定，如行分工制，則不應以性別為根據，當以能力為依歸。有什麼能力的人做什麼工作，這是最合理的制度，社會或國家不應束縛個人的能力發展，荷能負起二百斤重擔的人，而只應許他挑一百斤，

或為只能負起十斤擔的人，而必要他挑一百斤，這都是不合理，都是社會的損失。能挑二百斤的，就應該由他挑二百斤，挑五十斤的人，就只能由他挑五十斤，這才是最合理的制度。吾們對於男女應盡的責任，亦抱著同樣的態度。不應當由國家與社會強迫男子做什麼工作，女子做什麼工作，只應當由男女各盡能力其去做他應做能做的工作。國家對於人民，只應當盡力充足其能力，不應當做限制其能力的。

　　實施分工制，是近代社會進步的一種原動力。這個原則，吾們亦可以施諸男女兩性關係上。但此處所謂「分工」，是性別上的分工，而吾們所謂「分工」，意義完全兩樣。他們所謂「分工」，是性別的分工，而吾們所謂「分工」，則是能力的分工。性別的分工，是一無所根據的讕言，是男性社會的工具，而能力分工，完全合乎科學根據的，並合乎社會進化觀念的真理。人的能力，必然不能平均，所謂有千萬人之力者，服千萬人之務，有百十人之力者，服百十人之務，有一人之力者，服一人之務，各人都能充分發揮其力量，這才是一個合理的社會制下的一個人的責任，亦即是一個合理的社會對人的要求。吾們既不否認男女有同等的能力，亦不反對家庭的存在，那麼男女之應從事家庭，或從事於社會，均宜視男女的能力而決定他所負的使命，這是個人天經地義，不容否認，亦不容懷疑的。吾們以為家庭與職業並沒有什麼衝突，與對立的因子，一方面儘可以有家庭，一方面亦儘可以從事職業，只要視其能力而定其活動的對象，儘可由各人自己的便。女子可以在家庭

中，男子亦未嘗不可在家庭中，教育兒童的能力不一定
女人比男人好，從事社會活動，亦不一定男子比女子
好，要由各人的能力去定分工，庶是最合理的原則。

（《慈儉婦女》，第 3 卷第 4 期，1942 年）

職業婦女的進修

谷虛

不進修的危機

目前我們中國正處在抗戰相持階段的艱苦時期，抗戰是進步的為民族爭取自由解放的戰爭；但在進步過程中也存在著倒退的舊倒退的舊勢力，它阻撓著新力量的迅速進步與發展。這因為中國還是半殖民地半封建的國家，封建殘餘意識還相當濃厚，保守的頑固的份子隨時乘隙搗亂；對於努力從事抗建工作及社會職業的女同胞，更處處施展其攻擊破壞的能事。所以我們要提高自己的警覺性，在業的姊妹們更要站穩自己的崗位，不讓有被人指摘或乘隙的餘地；因此，充實自己，加強我們的進修實是必要的。

我們為什麼提出職業婦女的進修這一問題來呢？顯然職業婦女最大的缺點是不進修，也是被歹人有機可乘的攻擊目標。

我們看到許許多多大學專科畢業的女生，如工程系、機械科、理科、醫科……等，她們踏進社會以後，時常是學非所用，昔日學得的東西久而久之全被遺忘了；又有許多中學女學生，離開學校後，所找到的職業中，最普遍的是小學教員，和機關裡的小職員、小書記；中學裡學得的學科也日漸荒廢了。這固然不能完全歸咎於婦女本身，而是社會沒有盡量容納她們，反而存著不信任婦女能力的成見，所以在現社會要找到理想的工作還是困難的。然而我們也並不否認，許多職業部門中的婦女能力很差，離校就業後反而一天天退步了。一般已婚女往往為了孩子和家庭的牽累，對工作敷衍塞責，用應付

的態度來工作，沒有進取向上心，這因為她被孩子和家庭分了心，婦女在目前還需負起兼顧家庭的重累，使她在職業中不再有進修的時間，也不能專心於事業上的進修；一般未婚職業婦女，時常把時間浪費在虛榮心和應酬上，打扮化裝成了主要功課，也不注意於進修；還有一種婦女，對工作機械地重視，只知死命工作，不知在工作中學習與進修，她做了工作的奴隸和工作的機器，這也是不對的。終之，不進修是職業婦女的嚴重危機，關係職業婦女的前途實大，我們要爭取自己的地位，務須克服自己的缺點，加緊我們的進修！

要怎樣進修

　　第一、奠定和培養對事業的信心：在我們跨進職業大門之後，先要有崇高的理想，為實現這一理想——建設三民主義的新中國，實現婦女解放——而奮鬥；對一件事業也是這樣，這個理想，這件事業，當然是要有益於社會，有貢獻於國家民族的，如果連這起碼的理想都沒有，那就不配就業，更不配做新社會的建設者。如果我們已認定某種工作是我們的終身事業，就要細心深入地研究，使我們對社會有更多的貢獻，來奠定和培養對這一事業的信心，抱定了堅強不屈的意志，那麼一切破壞和打擊都不能動搖我們的信心！

　　第二、在原有崗位上進修：提高我們的學習精神，加深鑽研工夫，在方式上最好是集體學習，集合有興趣於該項學科的工作同志，組織技術研究會，互相描摹、商討和鼓勵；這種學習方式是以集體的力量來督促個人

的進步，也能以他人之長補自己之短。我們要在不斷進步中獲得更高度的技術，充分發揮我們的能力！

第三、一般基礎科學的進修：我們除了對專門技能的攻修外，還要努力一般科學的進修，如自然科學和社會科學的研究（哲學、政治經濟⋯⋯等），自然科學使我們了解自然現象中一切的發生發展情形，社會科學使我們認識社會上錯綜複雜的一切事物發生發展和變化。每天閱讀報章雜誌也是必要的，做一個現代人，就必須關懷現社會所發生的一切事情，才不致遠於現實，不會被時代所淘汰，譬如在抗戰期間一定要知道最近各地戰況這種普通的常識。此外，能在業餘專門進修一種外國文，以便吸收國外知識，擴展自己的眼界，要經常並持久的養成讀書讀報的習慣，最好如上述組織技術研究會的辦法來組織讀書會：經常討論時事，討論各種問題（社會問題，婦女問題等），和討論各種學科，如果要使會議顯得活潑輕鬆，可以座談會方式來進行。

爭取進修機會

上面曾經說過，許多未婚及已婦女在進修上發生困難和阻礙，那麼怎樣解決她們的困難，使人人有充分的進修機會呢？我們自己的弱點要自己作檢討來克服它們，要時刻和自己作鬥爭，如環境作鬥爭。已婚婦女的困難，我們要以婦女群集合的力量來爭取，要求政府，要求機關當局舉辦助產醫院、托兒所、公共食堂、合作社⋯⋯等，使職業婦女能專心於事業和自身的進修，使她們沒有「後顧」之憂，要這樣才能使婦女以全副精神

貢獻給事業，是解放職業婦女的根本辦法。

進修以外

我們在社會上服務，並不是為個人的榮利而是為人類的幸福，抱著「我為人人」的精神去工作，個人的進修也是使事業進展的基礎，所以在進修以外責任心和服務精神是不可少的，能具備這些條件能使社會人士尊重與敬愛，博得人們的信仰，無形中也提高了自身的地位。

最後，要說一說待人接物；說到待人接物，這似乎是社會上飽經人情世故的人才會去研究這種手腕，其實這是錯誤的。我們這一代，正處在新舊交替時期，我們的處境是非常困難的，如果人事關係上處理得不好，應付得不周，也會影響我們的事業。我們要在這個錯綜複雜的社會中，謹慎地處世和處事，還得應付環境；不過卻不是說應付環境就是與環境同流合汙，我們仍舊有自己的立場，我們有正確的世界觀；我們懂得應付，更懂得敬人敬事，抱著誠以待人的態度去影響他人的進步，讓我們在朋友中建立起新道德來！

（《浙江婦女》，第 3 卷第 5、6 期，1940 年 12 月）

女子應有的知識

國英

在物質文明發達，人類生活日趨複雜化的現代，在女性的活動範圍，由家庭擴大到社會的現代，女子應有的知識，不但比從前的女子還要多，而且比今日的男子還要多，為什麼呢？因為她的將來非常渺茫不定，她的前途的動向，不像男子或過去的女子那樣清楚呢？那麼易於逆覩，時代的女子對於家庭、運動、職業、社會、經濟、知識、能力，各方面都須具有相當的知識與素養。在男女社會地位機會平等的今日，女子當然須有從事職業，自食其力的準備。但是，如果她結婚了，經濟活動的需要減少了時，她也須知道怎樣調整個人之生活、應付家庭的環境。無論她將來是做母親，家庭的主婦或獨身者，或教育家，或交際家，或任何一種人，或在家庭裡過著一種優遊享樂的生活，她應該知道一些運動或利用閒暇光陰與其他方法。家庭的責任，不管其大小與輕重，必定成為女子將來的個人問題，有關係的。所以她又不能沒這方面的準備。

女子的將來的確是渺茫不定的，她不知將來在那一種環境裡生活。因此她準備是應該豐富的，廣大普遍的，多方面的，才不至於臨陣而手足無措。雖她會和一個醫生或經濟家戀愛，或發見她是某教育家或政治家的情人。她的戀愛與婚姻將在她個人的生活上發生革命的作用。誰知道她將來過著享樂的生活，或在家庭事務的繁雜中，度其一生，或在社會上從事職業的活動。無論她將過著富足的窮苦的生活，無論她是幸福婚姻的享受者，或不幸婚姻的犧牲者，或獨生者，她必須具有環境

的一般準備。

　　當然我們無從知道女子將來個人生活的方式，我們也不能枚舉許多特殊的條件，或個別的例子，以闡明這個題目。但是我們要知道今日女子的生活，包含著些什麼東西。女性今後在社會群中應負什麼責任。根據這個論點而言，我們可以把女子應具的智慧分職業、家庭、社會、個人，四方面來講：

　　（一）職業方面：所謂職業是指導職業上的技能、訓練與體驗。女子不一定都有工作賺錢過活的需要，但是她在現代婦女經濟獨立的運動中，必須具著職業上的技能、訓練與體驗。這是她生命上極可寶貴的資產。有職業經驗的女子，才能意識到，自己血汗與勞力換來的金錢的快感。利用自身的才能去賺錢的感覺，個人自信力的增加，這些對於她的價值是無限量的。這種意識可以消除她心中各種不滿與恐懼。如果她結婚了，她和丈夫之間可以維持著更自由的關係；因為她既然是自食其力，或具著職業的技能。那麼她就不至於怕他失業，或怕他不愛她。具著職業技能的女人，有時無疑地會在婚後發生困難的家庭局面（雖然是很少的）。然而這種技能卻以消滅無窮虛偽與恥辱。女子應當知道怎樣賺錢，才會了解金錢用出時的真價值，太浪費與太慳吝的女人，常常是那些不曾賺過錢的婦人（亦不是一概而論）。

　　婚後的女人也許無須從事職業工作，但她的日常生活，仍是多少要和職業智識發生關係的。她要到公司裡或店家去，或早上到小菜場買東西，她要負擔用錢的責

任。這種責任是應該用適當的方法去完成的。她該知道，銀行的存款，不是無底的寶庫，她該知道丈夫的入款，不是用不完的。而且，她更應該進一步獲得一些世界大勢，對於何種用品要漲價，何種用品應儘先購置。何種用品可節省緩置等特殊常識，至少量入為出，不虞虧空為目的。總之，女子須知怎樣處置金錢的方法，不管其數量是十塊或十萬塊錢，均應該懂得一些經濟常識。

（二）家庭方面，少女既是將來的家庭主婦，常然必須具有一般的家庭常識。家中的雜務，不一定要主婦親自操作，但體驗與訓練無論如何是不可少的，這裡所需要的是實際的準備，不是女校課程點綴品式的呆板課程。例如煮白米飯，是比製果醬更切實，而縫衣服上的鈕子是比在手套上繡花更實事求是的，她須有相當的美術素養，和清潔修整的習慣。家庭的佈置，房間的裝飾，以整潔美觀為尚。但這種美感的產生，不一定要奢侈美麗的貴重物品來佈置，教養和手腕常是比材料更為重要的。

女子須有烹飪的知識，這種訓練可以增加主婦的尊嚴，和夫婦的幸福。現在許多女子，不願走到廚房裡去，因為她們以為廚房的生活會損害她們的尊嚴。這是一種極可悲痛的誤解。你可以由烹飪獲得極大的滿足，因為這是一個多麼實際成就的啊。當你把一盤菜餚放在桌上而對你的丈夫或家人，或客人說，這是親自動手燒的，對方的贊羨是可以使你增加無限的喜悅與自尊心的。況且你燒的東西，不知比廚子燒的好多少倍。雖實

際上你的技術也許不及家中職業的廚子。但是一個女子獲得了這種知識之後，你便可以隨時隨地作有價值的應用了。

看護的常識也是不可少的。女子至少須知道怎麼試熱度，怎樣看護一些小病或意外的輕症，因為頭痛或皮膚擦傷一類的小病痛，常常是無須麻煩醫生或進醫院的。

母親是天然的賦與。需要是進步的原動力。許多女人可以在懷孕與生產的時候，很迅速的學到養育嬰孩童子的種種方法、智能，雖然如此，女子仍須未雨綢繆，對於生理衛生、嬰孩養育、兒童心理等等問題作必要研究。

最後女子必須知道怎樣和家人維持美好和諧的關係。她要曉得家庭是許多性情、年紀、習慣，不同的人底特殊集合所。主婦必須成為家庭和諧關係的中心力量。老人家也許會喃喃的訴出無謂的怨言，小孩也為了小事爭鬧，男人們也許因為事業的挫折而容易激怒；她遇到這些局勢時，必定要用圓滑的手段去應付，化大事為小事，化小事為無事。不快的時候應該露著快樂的樣子，這是她的職責的一部份。

（三）社會方面，家庭是和社會生活交織著的，女子對於社會關係，尤其與男人與小孩的關係，必須具著特殊的知識。她也許可以避免職業生活的責任，她也許可以避免許多家事的繁雜，但是，她一定將和社會生活發生密切的關係；社會生活將給她帶來了痛苦與快樂，支配她的幻想、希冀和欲望。

　　社會生活以家人、親戚、朋友的個人關係為起點，必須具著足以增進這一般關係的準備。她該知道怎樣穿著裝飾、應接談吐、參加社交上的娛樂、運動，在交際場中，知道怎樣舉止動作；這幾點是最重要的。她必須把衣服穿著到恰到好處，以表示她底體格的美點。她要用她的外觀在顯示她的個性，當她發現自己的個性時，她就會知道用那一種脂粉，著那一種顏色的衣裳了。她該知道美麗不一定就是獻媚，她該知道，外表的整潔、可愛，是社會生活的必要條件。

　　她須知道怎樣應接談吐，怎樣用熱情的態度對人，用適宜的聲音談話。尖銳的聲調或喋喋的浮言，都能破壞她的嫵媚與吸引力。這當然不是說她要用不自然的，矯揉做作的聲調與態度去談吐，她要談吐得使人家願意聽的話，不覺嚕囌，見過她的人不覺討厭。如果她走到了這一步，她的社會關係不但運用更圓滿，而且對於家庭的許多痛苦，也可以消滅於無形了。

　　遊戲、運動和一般高尚正當的娛樂，都是社會生活的工具，女子該會打打網球、游泳，或參加其他輕快的運動，撲克牌或麻將等遊戲，也要懂得一些，不過不要附有社交以外的目的。如果有金錢上的勝負，遊戲便流為賭博，耗時傷神，失掉了交際的本性。

　　跳舞，在歐美已經成為交際上的必要工具，在我國社會中，近年雖也漸漸流行起來，但是偏於幾個大都市，還沒有普遍的現象。以目下的情形而論，跳舞似乎還不是女子交際的必要條件；但其重要性大約會隨時間而增加的。

還有一點，女子必須知道愛情與熱情與友誼的分別。熱情不是愛情，她不該誤認異性的友誼為愛情，雖然有時友誼為建立愛情的基礎。這種正確的認識，可使她在社會生活上減掉不少麻煩與痛苦，增加許多快樂與幸福。

（四）個人方面，在集團生活之中，在社會關係之外，一個人也有獨自伴著影兒的一天，所以女子又須具著個人生活素養。男人有時會引起她的煩惱，朋友有時會使她失望，職業與工作有時會使她感到單調、無聊、討厭，她的家庭生活有時會受災難和疾病的襲擊。她對於這些意料中的遭遇，或事變，不能不作必要防備。

她必須知道閱讀書報的方法，她必須養成這種有益的習慣，她要曉得怎樣把握住書報中的意義，不要僅會看看電訊或零碎的新聞故事。書報該成為她的一個良伴，或成為她底精神寄託所。如果辦得到的話，她該會彈鋼琴，或其他的樂器，因為當你憂鬱愁悶的時候，留聲機或無線電的音樂，往往會增加你的不快；然而你親自彈奏出來的音樂卻可以給你莫大的安慰。

女子必須知道怎樣過著孤獨的生活。一般女人的生活裡，大都有一些孤獨的時刻，如果沒有學習個人生活的方法，沒有體會出孤獨的樂趣，那麼現實的情形就會弄得她不知所措了。要是她在無聊時候，便去找朋友或看電影的話，她就是缺乏適當的解決智能，不曉得怎樣消磨孤獨的時光。所以女子必須體驗孤獨的樂趣，利用時間到外邊去獨自散步，做些自省進修的工作，想一想人類生存的意義與使命，看一看人生的嚴重問題。相當

的沉思默想，無疑地會使她發現人類人生的新大陸，獲
得生活的新樂趣。

　　上面這些話並不是過份的苛求。女子要做完美的女
性，最低限制，必須要依照上述四種為目標，努力向各
方發展。在這新舊交替的時代，女子的社會責任是更加
重大了。明白的家庭與社會，正在期待她們創造，願女
子努力創造吧！

　　　　（《慈儉婦女》，第 3 卷第 4 期，1942 年）

為限用女職員者進一言

潘儼

「限用女職員，等於摧殘社會的原動力，削弱抗戰建國的力量」

在最近一年中，想不到「女子回到廚房」的呼聲，會甚囂塵上於中國。許多機關，向例是拒絕聘用女職員的，姑且不說，即使曾經錄用女職員的，也每以女子結婚，影響工作效率為藉口，而完全辭退或避免錄用，如交通部機關，都新添了限制任用女職員或任用已婚女職員的條例，因此引起婦女界的反對，在雜誌和報紙上都可以看到她們不平的鳴聲，熾熱感情激動了我，使我再不能忍耐了。

許多機關的所以不用女職員，他們的理由不是設備不夠，便是女子效率低於男子，前者固是事實上的困難，但我們決不能因噎廢食，何況女子也並不是過於苛求物質的生活，一個大的機關或一個工廠，要任用女職員數目決不是一個二個，為了許多女職員，即使添置一個女工，蓋上幾間茅屋，事實上，決不會得不償失的。於後者的現象，固然也有，我們並不完全否認，但我們也應該觀察事實的真相，決不能「以偏概全」。這實由于中國的政治還沒有完全達到三民主義的境地，所以一部分的女子，每每藉著祖上的蔭庇，而獲得了較好的位置，她們享受著較優的待遇，但所做的卻是些不相稱的工作，這樣當然引起了一般男子的輕視和忌妒（其實，這種情形，在男子間又何嘗沒有）可是這總是少數，我們不必多討論，在這裡，我們所需注意的，究竟女子的能力，普遍說來，是否弱於男子？下面的幾個實驗，可

供我們得到明確的解答。

從身體上說，雖然女子平均較男子為小，體重亦較輕，男子的肌肉較女子為強壯，其強壯過於女子的程度，有過於其體格，重量所表示者。在生理上，男女也各不相同，現在讓我們一一加以研討，普通一般人以為女子的經期，每月中有一時期，足以減少女子腦力上及體力上的能力，因此有許多職業，只屬於男子而非女子所能勝任，但據何林華夫人（I. S. Hollingworth）最近對於女子精神的及運動的能力，經過長期的精密的試驗結果，獲得下列之結論：

（一）謹慎真確之測量，未能尋出普通婦女有一種週期之用心或用力上缺乏效率。

（二）動作之差異，不為生理的週期所感應。

（三）每月內，並無一種常見效率高的時期，愛里斯（Ellis）及他人所言之週，並未能尋出。

（四）脈度、血壓力、溫度及散熱等所表示之曲線，與勞心勞力之工作的曲線，並不相關。

由此可以證明以前那種見解，已不復適於今日平常身體健康的女子，又關於女子在工業上的效率，據露素賽巨機關（Russell Sage Foundation）對于女子勞工研究之報告：「除其生殖機能易受損傷外，以普通論，女工較男工易染疾病，且久閱女子作工的人，共同的意見，以為工業生活壓迫女子，遠甚於男子，照統計表所載，則女工染病的度數，高於男子……現有兩種重要事實，足責注意，第一、女子占男子相同職位者，染病的度數，較高於男子，第二、以不到場工作的時日計算，則

女子病期較男子為長……。所以女子因為較易於疾病，且生殖機能容易受傷的原故，生理上顯見落後，總而言之，女子易覺疲勞，且其機能所感受工業生活的困苦，甚於男子。」依照上面所說，似乎女子的能力是弱於男子，可是我們不要忽略男女的環境並不盡同，女工除在工廠中作工之外，回到家裡，還須料理家事，而男子則並無此負擔，在這種情形下，自然女子易於疲勞，並不是，男子真正的優於女子。

再看在智慧上，男子是否要較女子為強，據桑戴克（Thorndike）之實驗，其結果如下：

所試驗之特能	男子能及女子百人中五十所能之百分數
（一）認別顏色及類分卡	24
（二）刪字實驗	33
（三）拚字	33
（四）英文（課堂結果）	35
（五）外國文（課堂結果）	40
（六）即時記憶力	42
（七）感覺閾試驗	42
（八）保存力	47
（九）聯想（速率及準確）	48
（十）普通知識	50
（十一）數學（課堂結果）	50
（十二）分數（各種學科的平均）	50
（十三）辨別力（除辨別顏色）	51
（十四）感覺力之強度	52
（十五）歷史（課堂結果）	55
（十六）技巧（特別試驗）	63
（十七）手臂動作之準確	66
（十八）物理及化學（課堂結果）	68
（十九）反應時候	70
（二十）手指及手臂動作的速率	70

又如男女在品質方面的差異，仍據桑戴克之報告：

特能名稱	男子及女子百分之中數
（一）注意人過於注意事務	15
（二）情緒	30
（三）節制力	30
（四）率性	34
（五）宗教信仰	36
（六）同情力	38
（七）忍耐	38
（八）虛誇	40
（九）羞怯	42
（十）惰性	56
（十一）自知	57
（十二）詼諧	61
（十三）自立	70

　　從這二個表的分析，在每一表中，都可表示三種事實，第一種為女子勝於男子，在前表自（一）至（九），在後表亦為自（一）至（九），第二種為男女約同者在前表自（十）至（十二）後表缺。第三種為男子勝於女子者在前表自（十三）至（二十），在後表自（十）至（十三）。由此我們可以知道男女的能力只有互異，而並非男子的一切智能皆遠勝於女子，所以絕對拒絕任用女職員，實際上並不能增進什麼工作之效率最適宜的辦法，則當利用工作心理圖示法，先行分析工作所需要之特能，再參照上表分別選擇男女職員。

　　我們還記得當第一次歐戰的時候，在參與歐戰諸國中，當時因缺乏男子之故，所以從前為男子所獨享的位置，為時勢所迫，多為女子所占，如女鐵匠，女街車司機，女機器匠，女農夫，女汽車御者等名目，無所不有。他們對于此等職務，皆能勝任愉快，由這事實更可證明女子天賦之能力並不弱於男子，而所以表現不同者，確因為環境異趣之故（可參看本刊第 5 期陳庭珍女

士之〈社交生活與婦女〉），至於婚後婦女的成績所以較前減低之故，亦以中國之環境對於結婚婦女尚未佈置完善，以致使她們不得不分心於料理家務事宜，女子能力的表現，既不弱於男子，但為何在二十世紀又會發出「女子回到廚房去」的呼聲呢！推究其故，那是因為德國自納粹執政以後，希特勒要想調整社會的紊亂，以為把一般女子驅回了廚房，便可留下許多位置，以討好於失業的男子，這樣社會上搶飯碗的情形就可不致那麼嚴重了，這個政策，是否正確，我們姑可不論，但目下我們中國的情形究竟如何呢？是不是社會的人才真正過剩？是不是真的女子佔據了男子的位置？世界上的人類原都應該平等的，最經濟的社會效用，原在各盡所能，各取所需，「回到廚房去」，廚房裡的事情是何等簡單，使無論智慧高下的女子，都回到廚房去，那無異是冤屈著有能力的女子，來做這簡單不相干的工作，而留下一部分空位置，讓愚笨的男子去工作，這豈是智者之策，社會之福？而且事實擺在目前，中國在這染不已進入第四個年頭的時候，前線需要大批的軍事專家指揮，後方需要各界的努力生產，儘量在事各方面的開發，其間當然需要無盡藏的人，可是就中國現有的人才說，把全國所有的集合攏來，開發一個四川，恐怕還是勉強，更何況中國是有著數十個四川在急待開發呢。再按照人口的比例說，據統計，在一萬人中，僅有一個大學生（男），十萬人中僅有一個女子大學生，在數百人中僅有一個高中畢業生，一年中畢業的大學生高中生為數已甚少，現在假使還要把其中一部分女子不分皂白驅回到

廚房裡去，試問將何以解釋國家作育人才之意義，何以彌補社會這筆大損失？試看！今日的德國又在高唱著「女子出廚房」的論調嗎？難道中國將永遠拾起人家所丟下的雞毛，而當作令箭看待嗎？

此外，我們還可以說的，女子的就業，一方面固在貢獻他的能力，一方面則在求得與男子平等的地位。歷史告訴我們，自原始時，從母系社會能變到了父系社會，所謂「男子主外，女子治內」分工合作的辦法（真正的分工合作不在性別而在根據心理原則，依照各人的智能與志趣）成為鐵律後，幾千年來，男子在一直利用著他們優越的地位，政治不准女子參與，一切社會活動都不許女子問詢，所謂「賢妻良母」便是「三從四德」。從此女子便像被他們所征服了的奴隸一般，很馴良地整日躲在家裡，供著他們的驅使，作為他們閒暇時的消遣品，可惜女子忍氣吞聲，過著這種慘酷的生活已是那麼久了，最近來，經過國父的提倡和女子們自身的奮鬥，好容易才獲得了「男女平等」的法定地位，而不料這個剛開放萌芽的幼苗，又在被人摧殘了，知識的女子們，自不忍再無辜地重墮地獄，他們為得要使他們所手栽的幼苗更成長，更發揚。為不願再做男子們的奴隸，以及為社會上的許多機關限制著任用已婚的女職員，在這雙重的壓迫下，於是她們很可能地會延遲他們的結婚年齡，或甚至減少他們的結婚比例，知識女子延遲她們的結婚年齡，減少她們的結婚比例，讓社會上增加低能的兒童，減少聰明兒童的生產，無論對于整個的民族，國家的前途，從優生學上說，都只有百弊而無

一利！

　　因此，不管從那方面說，各職關的限用女職員或辭退已婚的女職員，亦不是真能解決社會問題，真能增加工作效果，相反地，確是在摧殘社會的動力，削去抗戰建國的力量，蘇聯革命後，女子與男子處於同等地位，分享著同樣的權利和擔任著同樣的義務，而她們的成績也並不弱於他們，所以要國家增生產並不是限用女性，而確在亟宜謀求如何添置便利於女性工作的環境，如何改善社會的制度，以求得她們最大能力的發掘！

　　　　（《中國女青年》，第 1 卷第 6 期，1942 年）

陪都職業婦女調查　　《婦女新運》資料室

　　自鼎革以還，由於先烈們的努力，婦女同胞的奮鬥，把一切封建制度推翻，封建思想剷除，一切加於婦女的桎梏亦漸解脫，女子逐漸獲得與男子同樣的機會服務於社會。抗戰軍興後，為充實國力與求早日達到抗戰勝利之目的，國家的人力需要總動員，婦女出而為國家社會服務的應當更增加了。但事實上是怎樣呢？女子服務於黨政機關及社會團體的到底有多少？他們的知識程度如何？工作能力如何？所受的待遇又怎樣？凡此種種，可惜都沒有詳確的調查、精密的統計，本刊有鑑於此，乃作重慶市職業婦女之調查。擬就表格，寄與重慶市軍政黨及社會服務等機關，請按表填就寄回。計從本年一月底起至十月底止，共發出函表兩百一十份，但截至現在正（十一月二十日）共收得函表一百零二件，其中有七個機關回信說全無女職員的。統計所收回的表格中，黨政機關有十分之九能按表填就寄回的，惜其他各種機關能按表填就寄回的只有十之三、四，至使本文不能得到詳確的統計數字，未始不是一件憾事。現就搜集所得，作一詳細統計，分類表列於左，以供讀者參考。雖未能詳盡，但亦可藉此窺見陪都職業婦女之一斑。

機關類別	機關數目	男女職員總數	女職員人數	女職員人數與男女職員總數百分比
政	43	17,643	2,027	11.42%
黨	17	1,817	252	13.86%
社會及文化	13	934	137	14.66%
銀行	11	5,832	396	6.78%
國營商業	7	1,483	126	8.49%
報社	4	269	23	8.55%
總計	95	27,978	2,961	10.58%

（一）各機關女職員人數比較表

我們這次的調查，除了想知道一般機關中女職員的情況外，還想知道在機關中男女職員的數字比例，和分佈情況，所以我們所調查的機關對象，是以男女並用的機關為主，若只有女職員，或只用男職員的團體，都不在我們統計之列。因此從右表看來，我們可知在男女並用的機關中，女職員的數字實在少得可憐，不過只佔男女職員總數百分之十強。其中女職員最多的要算是社會服務團體及文化機關（佔14.66%），其次是黨政機關；而女職員人數最少的是銀行（只有6.78%），其次是國營商業機關。這也許是有這樣的一個原因，社會服務團體職員的待遇較低，所以謀求這種職位的人較少，女職員故能多佔幾席地；而銀行職員報酬較高，逐鹿者眾，因而女職員便不易在其中謀一技之長了。

（二）女職員薪俸統計

薪額	人數	百分比
50 元以下	401	13.54%
50 元以上	1189	40.13%
100 元以上	848	28.62%
150 元以上	254	8.58%
200 元以上	114	3.85%
250 元以上	23	0.78%
300 元以上	35	1.19%
350 元以上	8	0.28%
400 元以上	12	0.42%
450 元以上	2	0.07%
650 元以上	1	0.04%
未詳	74	2.50%
總計	2961	100%

這個表中的統計，只限於薪俸，津貼並沒有計算入內的。大概一般機關，都是以職員職位之高低，所負責

任之輕重，而定其薪俸之多寡。所以從這女職員薪俸
統計表中，我們可以看出女職員在機關中佔一個怎麼的
職位？

　　表中所表示的，女職員薪俸以一百元上下者佔最多
數，五十元以下者次之，一百五十元以上兩百元以下者
又次之。可是現在各機關中女職員的數目不僅少得可
憐，而在這少數的女職員中，又大半是無關重要的中下
級職員。但這少而低的職位，男子們也不想女子佔去，
所以好些機關都在無形中開除或拒用女職員，而女職員
因為大半是佔無關輕重的低級位置，也只好任人宰割而
啞口無言了！

（三）女職員學歷統計

學歷	人數	百分比
國外大學	69	2.33%
國內大學	585	19.75%
專科	294	9.93%
中學	1,946	65.72%
小學	4	0.14%
其他	63	2.13%
總計	2,961	100%

（四）女職員年齡統計

年歲	人數	百分比
18 至 19	55	1.86%
20 至 55	937	31.64%
26 至 30	1,091	36.85%
31 至 35	622	21.01%
36 至 40	191	6.45%
41 至 45	45	1.52%
46 至 50	9	0.30%
51 至 55	3	0.10%
未詳	8	0.27%
總計	2,961	100.00%

（五）女職員的婚姻狀況

婚姻狀況	人數	百份比
已婚	1,372	46.34%
未婚	1,411	47.63%
未詳	178	6.03%
總計	2,961	100.00%

（六）女職員籍貫統計

省別	人數	百分比
江蘇	683	23.08%
浙江	286	9.66%
廣東	147	4.97%
廣西	25	0.86%
河北	109	3.68%
河南	45	1.52%
湖南	263	8.89%
湖北	338	11.42%
山東	54	1.82%
山西	41	1.35%
安徽	228	7.71%
福建	70	2.36%
四川	515	17.41%
貴州	19	0.65%
江西	76	2.57%
西康	2	0.06%
遼寧	22	0.74%
熱河	2	0.06%
雲南	13	0.43%
青海	1	0.03%
陝西	7	0.27%
甘肅	1	0.03%
察哈爾	3	0.11%
吉林	6	0.23%
未詳	3	0.11%
總計	2,959	100%
附註	此項表格中有兩人為日本籍故未能列入省別項	

　　我們這次的重慶市職業婦女調查表雖然很簡單，但我們在這些統計數字中卻也得到了一點對於女公務員的認識，和對於女子職業問題的一點瞭解。我們試看上面

（一）、（二）、（三），三張表中我們便可知道了。女職員的人數多寡，與女職員在機關中所佔職位的高低，以及女職員學歷的深淺成正比例。換言之，即是女職員中以受中等教育的為最多，能受高深教育的甚少，而女職員在機關中任重要職位的亦極少，機關中女職員以任中下級職位的佔最多數。在機關中有用人之權的當然是任重職的高級長官，現在這些長官既多是男性，那又何怪乎機關中的職員泰半是男子呢？

能力與職位應當成正比的，所以我們若真要為婦女界打開職業的門，首先應當注意的是婦女本身力量的充實，把握著每一個求知識受教育的機會，同時也把握著每一個表現能力發展才幹的機會，那麼婦女的能力庶幾能真正為社會人士所認識，而職業界的門亦不至在婦女的面前關上了。假若不如此，已得職位的婦女畏難苟安，遷難就易，遇事推諉，不負責任，不求上進，未得職業的婦女又不肯努力充實自己，僅得一知半解，學無專長，便求踏入職業之門，既入之後，又不肯努力求上進，那又安能在機關中負重責躋高位，並能永保職位，不為他人排斥呢？因此女子職業問題的根本解決，只靠幾位婦女運動的領袖大聲疾呼是不成的，一定要全部婦女同胞共同奮鬥才行。

此外在這次調查中還有幾點值得我們注意的：第一，女職員的年齡以二十至四十歲的為最多，四十以上的便寥寥無幾。這種情形，也許不偏限於女子，我國男子中也有好些五、六十歲便想作封翁，不在社會服務的了。實在一個人如果是精神體魄強健的，他的經驗與學

識正應當隨著年歲而加增，四十以後，正是人類知識豐
富，思想成熟，能在社會上建功立業的時候。不過關於
這一點我們當然不能深責當代的婦女，因為我們知道我
國婦女得受教育的歷史甚短，四十以上的婦女能受高深
教育的實在不多，而在職業婦女中能有四十以上甚至
五十以上的婦女，這未始不是難能可貴的了。第二，女
職員中已婚的數字和未婚的數字差不多相等，可見婚姻
對於婦女職業是沒有多大妨害的。第三，關於女職員籍
貫方面，以江蘇人佔第一位，這也許是因為今次的調查
只限於陪都一地，而陪都的機關大半是從南京遷來的；
那麼職員以江蘇人佔多數是很自然的了。

　　這一次調查，因時、地、人和經濟各方面的限制未
能作很詳盡的統計，不過我們希望這種數字能供熱心婦
女職業者以一點參考。並且希望這種調查工作有機會推
廣，由陪都一隅而及於全國，由黨政機關而及於其他一
切團體和學校，那庶幾可以求得我國職業婦女的一個詳
確數字，藉以檢討過去婦運工作之成效，並訂定今後婦
運工作的中心。但要求達到我們這個目的，尚要希求社
會各界人士的盡力幫忙。

　　　　　　（《婦女新運》，第 5 卷第 10 期，1943 年）

婦女職業與女子教育問題　　鄭中碩

圖片來源：《越國春秋》，第 30 期，1933 年。

　　翻開人類社會發展史，就知道沒有財產制以前，男女間「分工」制度已存在，男子的工作多屬於外勤的，如狩獵；婦女的工作逐漸限於家庭內靜的，如耕種與料理家務、撫育兒女，迨至十八世記中葉工業發達後，資本家為企圖更高的利潤，以低微的工資僱用大批婦女工作，無形的把婦女社會地位降低，並且許多人因襲著重男輕女的舊觀念，對職業婦女採取蔑視的態度，遂有了今日婦女爭取社會平等的運動。

　　一般人，對女子的偏見仍未消滅，以女子身體衰弱，能力不如男子做口實，主張女子應該在家庭裡，不應再從事於社會工作，事實不然，如果所受的訓練相同，學力相當，男女間的工作「效能」是一樣的，我們知道有許多男子會幹的事，同樣女子也會幹，這在戰時英美蘇等國，大批女子參加工廠生產工作、戰鬥工作等

更可證明。我國在過去歷史上，也有婦女掌握「政治」
大權管治國家的，抗戰以後，我國婦女更以嶄新的姿
態，出現於偉大的抗戰中，在前線與敵人作戰的有婦
女，在敵後參加游擊隊工作的也有婦女；在後方從事生
產、宣傳、慰勞、募捐、救護等戰時服務工作的更不泛
婦女；無疑的，婦女在抗戰過程中的努力，已足以糾正
「女子能力比男子弱」的錯誤觀念了。

　　去年「三八」節時候，蔣夫人為慶祝「三八」節，
自美國來電，曾有「美國婦女運動，尤有歷史關係，數
十年來，美國婦女權日見昌明，同時婦女對於國家所負
職責，亦日見重要，在今日戰爭期間，凡過去男子充任
之事，多由女子替代，自前線軍民之救護，以至後方軍
器之製造，婦女莫不一體參加，可見婦女解放，即為國
家增力量」。

　　由此可見，婦女從事職業的要求，已經到了非常必
需而合理的階段，絕不能提出「婦女回廚房去」的口號
來阻擋了。

　　我國婦女受幾千年專制封建制度的制限，被關在家
庭裡，以「三從四德」做她們生活的標準，以致能力薄
弱，智識淺陋，但是我國婦女開始覺醒爭求解放的時間
距離現在才只二十年，社會上遺留的舊封建意識太深，
婦運在在仍受環境的控制，很難順利的推動，要打開這
種難關，普及女子教育，是為最重要的工作，有了教育
的普及，然後婦女職業才有保障，因為受了教育，她們
才有學識，才有專門技能，才不至被人稱為「花瓶」，
遭人拋棄，受人侮辱，任人玩弄，婦女有了正當職業，

在社會上地位便可提高，如果婦女能夠在社會上獲得平等的地位，那麼誰敢鄙視婦女呢？

說起婦女的教育，這也是很難解決的問題，如問「婦女是否需要受教育？」有些人便回答說：「女子何必念書呢？懂得一些粗字，會寫信，會記賬，就夠了。」他們所以會這樣的回答的理由：便是認為女子終究要出嫁，要管家，要生育，雖然是大學畢業，有一大堆的學問，也是無用，做了母親，就漸漸把自已綑在家庭裡，社會上的事不聞也不問，最後連學問都荒廢了，等於沒有受教育的女人一樣。

我們自然反對這因噎廢食的理論，我們認為「婦女必須受教育」，那麼我們對於婦女教育問題，便應澈底向：「予以女子受教育的便利，同時更須給受教育的女子有獲得職業並從事工作的機會。」這兩方面去努力進行，我們試看各縣經過組訓的婦女，她們的進步的確是令人驚異的，從一字不識到能夠寫賬寫信，從個入生活小圈裡到知道有國家社會，認識國家的領袖是誰，認識侵害我國的仇敵是誰，這不是鐵的證據麼？我們要給失學的婦女以受教育的機會，所以無論如何第一要遍設婦女識字班或婦女夜班，免收學費供給書本，第二要提高女子教育程度，發展女子職業教育，使女子有專長，然後再要求為婦女大開職業之門，不要有限制婦女就業現象。

我們不贊同說女子只應受家事訓練，女子也該與男子一樣受各種不同的教育，女子的天賦，各有不同，不都是一個典型，一種性格，有粗心細心，有聰明愚拙的分別，若受完全的教育，她們才有因天才而發展的機

會，這樣才能在她們之中，培養出科學家、工程師、法律家、飛行家、教育家等來，也能擴大她們的職業範圍，她們可以當教員、機關職員、看護、醫生、記者、律師、電影員、戲劇工作者藝術家，著作家，電話生，女書記，打字員，工人，司機等。

總之：中國現在婦女職業問題，是要與教育問題互相聯繫起來看的，沒有受就育就不能享受職業的權利，為求這兩個問題的解決，婦女們應該聯合起來，一致的為撤底解決這些問題而努力，才能解決自身的痛苦，爭取自由平等的地位。

（《福建婦女》，第 4 卷第 1、2 期，1944 年）

職業婦女問題筆談：婦女職業的範圍太狹隘

慎行

　　有些人認為婦女的天性與才能只適宜保姆、護士、會計以及小學教師等職業，所以給與婦女職業範圍便太狹隘，機會便不能平等。

　　戰時我國婦女在前方，在後方，所表現的工作成績，斐然可觀，無形中已轉移了社會人士對於職業婦女歧視的心理，但這不過是人們對於婦女有了進步點的認識，實際上她們的觀點仍有錯誤，他們認為婦女的天性與才能只適宜於保姆、護士、會計以及小學教師等職業，所以給與婦女的職業範圍便太狹隘，機會不能均等，因此婦女的天才往往埋沒，個性無法發展，這是現社會對於婦女職業的錯誤觀點，也就是形成當前婦女職業的困難之一。

　　德國專家說過：「經驗已告訴他們許多工作將排除男工人，尤其是需要心手靈敏的工作，女子比男子的效力大。」服務於陸海空軍的女子，在戰時各國，成績的表現，更證明了婦女的能力不只限制於家庭，護士……等職業。舉個例子說：今日英國的女子對於擔任防空事務，已經視為家常便飯，絕不恐懼危險，這種沉著應付，不畏艱難的精神是值將讚揚的。或有人以為二、三十年前的美國婦女在今日這樣的猛烈轟炸之下，也能像今日婦女那樣嗎？我以為是不能的，今日英國婦女之所以這般英勇者，乃是上次歐戰終了後，人們改變對於婦女的態度所致的結果。

　　全面戰爭的經濟驅使，把新事業的重擔放在婦女的肩頭，很可以使婦女得到更多的機會，這種機會給婦女以一種新的力量，不只未婚女子是如此，已婚女子亦然，因這種新的機會使她們有更多的職業可就，更能獨立而不倚賴他人。

　　所以今日我國婦女的工作範圍，若仍是那樣狹隘，婦女的職業問題便依然有許多障礙而不能普遍的，因此我們應先糾正社會對此觀點的錯誤，職業婦女的困難問題，至少也可以解決一部分。

　　（《福建婦女》，第 4 卷第 1、2 期，1944 年）

婦女職業問題與民主政治　　崑源

誰也不能否認，這幾年來，婦女的職業，已經成了嚴重的問題。儘管它的呼聲是微弱的，它的申訴是被輕視的，問題的真相是被蒙蔽著的，可是這一個問題卻影響著大多數的職業人口的家庭。無論是老人、青年、兒童、男人和女人，都不能倖免它的影響。

從最明顯的事情來說。各校畢業的女生，都帶著真純的熱情，離開學校，想走進社會為國家服務，並且為困窘的家庭，分擔一點負擔，可是，她們的職業機會，在這幾年內，卻一年比一年更艱難起來。託人情，找關係，跑路子，也免不了失望。職業首先對國家培養來的畢業女生關門，陪都附近各大學今年的畢業女生，找職業的困難，已經是大家耳聞目覩的事實。「畢業即失業」的女生，估計起來，約在十分之八九。

在業的婦女，也不是完全最幸運的。女職員所佔的成數固然是少得可憐，除掉有特殊人事關係的而外，她們的地位不但是最低，而且是最不穩固的，終日受著被撤的威脅。這幾年來，陪都幾個機關在緊縮的名義下，首先從女職員開刀，也是人所周知的事實。

「少用女職員」，或是乾乾脆脆地說：「本Ｘ不用女職員」，已經成職業界普遍的風氣。這個風氣一經形成，原來用女職員的機關，也加意防範起來，深恐失業的婦女和畢業的女生蜂擁而至，也加以多方的限制。

一句話總括起來，婦女職業的範圍，不但是縮小，而且是被封鎖了！職業婦女不但停止增加，而且逐漸減少，被迫著回家庭廚房去。

　　隨著這種現象而來的，還盛行一些不用女職員的理由。例如：「避免發生戀愛糾紛」、「婦女因家事太繁，每每曠職」、「婦女能力薄弱」、「婦女生育前必須曠職數月」、「雇用女職員必須增加居住設備，增加開支」。這些意見似乎都是站在工作效率，行政效率的觀點上，理由是很充份的。其實，這些枝枝節節的意見，並不能解釋婦女職業成為問題的理由。

　　在戰爭時期，各個參戰國家，都在全民動員，擴大生產，男子都動員起來，還是不足需要，許多婦女必須也動員起來，或是接充男子在後方的生產工作，或是直接參加前方的戰事工作。工作的機會是極其多的，祇感覺人員的不夠。例如：美國預備動員的婦女近七百二十萬人，從事海、陸、空、衛生等工作。其中從事海、陸軍文官工作的，即需婦女十六萬人，在這十六萬中，有十三萬人在華盛頓服務，她們的工作由低級到科學的，或職業上的特殊工作部門。海、陸軍需要的女工程師、繪圖員、打字員、祕書、書記、無線電工程師，每年所需的職業婦女就在八百人以上，工程人員在一千至二千六百人。英國十八歲至四十五歲的婦女，已有八百五十人以上登記。甚至為戰時工作的婦女看小孩，都認為是國家應盡的義務；一九四二年英政府曾頒布條例，至少須代替戰時工作的婦女照看二十五萬人。

　　這種情形和我國目前的情況對照起來，就非常明白了。我國不幸由於機構的不健全，生產界一時陷於停滯緩慢的畸形狀態，就連技術人員也有一部份失業。行政機構駢立重疊的情形尚待調查，全民動員也沒有做到

澈底普遍的程度。民主政治的實行還不充分，整個職業界，無論男女，都帶著人浮於事的狀態。按行政開支來說，職員已經有些飽和狀態；按工作效能來說，卻嫌工作效能太低；按人事行政來說，夤緣權勢，濫用私人，人選不當，並不少見。新的人員既不能動員出來，而在業人員又在調整機構，裁撤冗員，提高效率的美名之下，終日岌岌可危。這種現象本來普及於男女職員，可是首先受影響的，便是女職員。雖然，職業婦女身受著生活的影響，可這並不是單純的婦女職業問題，而是整個抗戰動員問題，國家民主政治問題。

這種情形很容易使得少數的人認為：職業既沒有什麼保障，祇有靠著「人事關係」和「交際手腕」來維持，而造成一種短視的眼光，隨波逐流。其實，我們的眼光，應該遠大一些，今日婦女職業問題，在一個健全的民主政治之下，是絕對不會有的。婦女有受教育的權利，有服務的權利，在業婦女有平等待遇的權利，有婦女應該享受的特殊權利（生育假期，托兒等等設備）這是國家的義務，而不是上司對下屬的恩惠，在民主國家對於職業婦女的這種設施不但已經實行很久，而且已經在戰爭中收到實際的偉大的效果。如在民主的方式的全民動員之下，大量無工作能力或工作能力較低的婦女，可以經過短期的訓練養成能力，提高能力，分配以適當的工作，在業婦女在工作中提高了能力與地位，一切枝枝節節的問題，早就不起什麼作用，早就不成什麼問題，所注意的只是工作技術和效能的增進問題。

所以職業婦女的生活和命運是和民主政治締結在一

起的，祇有民主政治才能給與我們教育機會、工作機會，給與婦女合理的待遇，和婦女應得的待遇。為著追求為國家服務的工作，家庭的合理生活，和培育優良的下一代，我們首先應當追求民主政治，推進民主政治，實現並宣揚民主政治。

（《現代婦女》，第 4 卷第 3、4 期，1944 年）

組織了一個婦女生產合作社　兆彤

（一）為什麼要組織婦女合作社

參加鄉村婦女教育工作的同志們，都感到這個工作越來越幹不通，物價天天在飛跑，生活負擔一天比一天沉重，整天與饑寒搏鬥已來不及，那裡還有工夫讀書？記得有一次我們正在勸一位婦女來入學的時候，她男人剛好由外面進來，他很不高興的對我們說：「讀書是好呀！但讀書有沒有貓頭兒吃？」意思是說：讀了書肚子會不會飽？我們覺得話不對頭，也找不到大道理來說服他，便悄悄地走開了。

婦女識字班自然也招來一些學生，但當她們忙著家務，忙著田莊的時候，留生問題可就大了，這時比招生還難以對付，各家各戶去訪問、勸告，可是當你看到她們滿屋裡一堆未打下來的麥子，或是未理好的麥桿豆子時，你未說服她們，她們忙的情形便先把你說服了，麥子不趁天晴打下來就要壞，麥桿子不趁早理好也要不得（一根根摘下來可以編草帽），讀書既無貓頭兒吃，家務又沒有辦法丟開，在這種情形下，雖然花了很大的氣力把婦女識字班維持下來，但末了能留下來的往往只有三分之一的學生，而這三分之一的學生還是大部份未出嫁的姑娘，年紀甚小，幾乎不是我們所要教育的對象。

因為實際情形如此，除文盲的工作方式便非改變不可，於是我們知道，要教育這些婦女必須先設法改良她們的生活。以前的口號是：「由教育入手」現在須倒過來，「由改良她們的生活入手」如果她們的生活老是

那麼沉重，什麼教育、文化、衛生等問題，是無從解決的，但是提到民生問題，又要到牽連到政治上。在不民主的國度裡，要談改善人民的生活，也是不容易做到的一件事，但是，求人不如求己，因此我們還是從婦女本身的力量去打主意，決定利用合作的方式，來團結她們的力量，用她們的力量來改良她們的生活，所以便組織了一個婦女農產加工合作社。

（二）社員是怎樣來的

為了要配合原有的工作計劃，故先招收婦女識字班畢業的學生，除畢業生之外，第一是抗屬。我們想給抗屬做一點工作，所以對抗屬的婦女不加任何限制，一律歡迎入社；社員的年齡規定十八歲至三十五歲，照合作法規的規定須二十歲以上，不過，如有工作能力者也可以不受此限制。實際上年紀太大的婦女成見深，不易訓練，而且太大和太小的婦女往往不易合得攏，所以不得不有一定的限制；至於品行方面，也要顧及，如果有一位在鄉間被人認為行為上有問題的婦女加進來，也會影響到整個組織，有時可以為了一人而其餘的都不來了，因此我們在事先不得不加以調查。其次是專收貧寒婦女，稍為富裕的婦女進來之後，別的且不說，單單做工就有問題，生產合作是重在勞力的，太太小姐們入了社而不能做工，於他們沒有好處，對合作社則有不好的影響。這是我們暫時加以限制的道理，也是與一般合作社不同之點。

合作社的業務，是計劃製造農產品，所以先要設置

好一切設備，這些設備費都由我們替為準備（小一點的
用具則由社員自己拿來），製造的技術人員也由我們代
為聘請，技師薪津也暫由我們負責。因此固定資金便不
成問題，至於流動資金，除社員每人交一百元，股金也
全由我們代向借貸機關借來。因是試辦事業，我們不想
一下子弄得規模太大，所以流動資金開始還不上十萬，
比一個小攤子還小，但如果這樣能成功，以後製造原料
便可由社員供給，發展仍有可能，否則就容易垮台，
「由小做起」，是我們最初所抱的態度。

　　工作剛開始計劃時，有一點爭執得相當厲害，就是
先準備一切設備呢，還是先招社員？大概主管人是主張
先招社員後設備，負責執行者是主張先設備後招社員，
前者的理由是怕一切具備欠了東風則前功盡棄，後者
的理由是沒有準備東風就不能進行組織。因為單單用口
頭向人說說，不一定會叫人相信，何況萬一實際上的條
件發生問題，說了拿不出來，則給婦女第一個印象便是
無信用，一早就在她們面前失信用，以後工作怎能推動
呢？後來還是先決定先準備，後招社員。

　　拿了這些優越的條件去招社員，照道理是不太難，
但是，天曉得！其困難比之請他們來入學更甚，為什麼
呢？第一是鄉村老百姓對於「合作」這二個漂亮名詞已
有了不太好的印象，當我們正在向一位婦女演說時，
站在旁邊的一位男人大不贊成的說：「什麼合作社，我
們鄉裡頭不也辦過嗎？起初不也說為大家謀利益，利益
在哪裡？還不是幾個人賺錢了事，現在連門都沒有開
了！」我們告訴他我們要辦的不是那樣的「合作社」，

而是真真為了婦女來辦的，但誰敢相信呢？第二是社員
除了交股金外，經常做工均不支付工資，合作盈餘的分
配是以工作時間之多少來作標準的；這就難了，做工不
給工錢，等到結賬之後，誰知道能不能兌現呢？在未曾
取得她們信任之前，還沒有事實給她們作保證的時候，
要叫她們相信，簡直是難於登天，幸而我們要招的人數
不多，花了九牛二虎之力，到底是招到了預定人數。但
是等到開創立會的那一天，到會的卻只有三人之多！這
樣，大會自然開不成功，真焦急，但是怎麼辦呢？再來
一次訪問嗎？也不是辦法，工作卻非開動不可，於是
決定開工後再說。為了人手太少，為了要增加這二、
三社員的興趣，我們都動手參加做工，開工後一、二
天，沒有來的社員都緩緩來了，有的說：「年底分得到
錢分不到不說，先學成一個徒弟也要得？」。等到她們
看見用自己的力量製造出來的成品，工作的興趣又更高
了一些。

（三）社員的訓練

　　前面已經說過，我們原來是做剷除文盲工作的，為
了感到識字教育的空洞不切實際，辦不通，才改變方
式，但是立場和目標並沒有兩樣。教育婦女目的是在提
高她們的生活與地位；現在方式雖不同，但仍然注重教
育，在工作進行到一月之後，更開了一個合作訓練班來
正式訓練社員。

　　合作訓練班訓練些什麼呢？都是一些淺近的常識，
如關於合作的常識，製造技術的講述，日記賬的記法，

以及珠算等等。除了正式上課之外，並教她們學記日記
（我們也從她們日記中得到許多關於她們生活狀況的
材料）。在訓練的過程中，因為這些功課全是她們要用
的，故學習興趣相當高，而留生問題不像婦女識字班那
樣嚴重，訓練的步驟與普通有點不同，是用先行後知的
辦法。例如農產品之加工製造，起先便教會她們製造的
方法，但是她們只知其然，不知其所以然，比方說，在
製造醬油時，下種麴的時候，品溫一定要在三十五度
呢？但為什麼一定要三十五度呢？這裡的道理就非詳細
講述不可了。這是一個例。又如許多化學名詞，如果她
們不是已經認識了實在的東西，空空洞洞告訴她們說，
什麼糖化桶，比重表，硫酸錏等等，一定不容易記得，
但經過了應用之後，教起來便省力得多了。因為所學的
都是實際要用的東西，為用而學，在學習上的態度便不
同。記賬及技術方面，現在注重實際的練習，課本上的
教授，只打下一點基礎而已，訓練期間是二個月，每天
二個鐘頭，但二個月之後並不就是說訓練工作完畢了，
和學校一樣，畢業便是學習完結的意思，合作訓練結束
後，只算第一步訓練完畢，工作與訓練是分開的，所以
若問訓練到那天止，那麼答覆是：訓練到她離開合作社
的工作止。平時的教育方式是採取游擊式的，休息的時
候教一個歌，營業時練習記賬，練習算賬，隨時隨地指
導她們，使她們在任何工作上都能得到練習與進步。

（四）管理與組織
　　許多事情弄不好，出弊病，大概都是由於管理之不

科學，機構之不健全。和人事之馬虎，我們想辦一個名符其實的合作社，就不得不注意這些問題，尤其是管理方面。合作管理應該比工廠管理容易，因為工人與工廠是有著一種經濟利益衝突在裡面，社員與合作社則不然，社員本身就是老板，合作社的利益也就是社員的利益，所以管理問題比較簡單一點。但這究竟還是理論，在實踐上，往往會跟著環境與人事而變了質。合作制度本身是好的，但因運用者的目的不同而異其質，在殖民地國家它可以變成帝國主義的一種經濟侵略的吸血機，在法西斯的國度裡，它可以變成為鞏固和發展其武力經濟的勢力，社會主義國家是利用合作組織為執行計劃經濟建設的過渡橋梁，在到處長遍侵蝕人類的蠹蟲的中國社會裡，合作社的經理，常常也變成了資本家和老板。

我們不幸也生長在這種環境裡，不得不在管理上多留意些。但因為技術經驗全不夠，便談不上科學二字，例如起初多少原料可以製多少成品，都不能計算得很正確，毛病便容易從這裡產生。因此我們發覺管理的第一條件是管理者同時必須也是技術者，否則便無從實行所謂科學管理。第二是要分開管理，加重各部份的責任，不要一二人包辦，互相監視，互相督促，比較不容易出毛病，就是出了毛病，因責任分明，負責者不容易推諉。所以由原料到製造，由製造到半成品，由半成品到成品，一直到營業。我們都把它一一分開，專人管理，製造者提用原料須向原料保管者領取，物品、數量、用途，都要詳細記載，並且由領用人簽名，製造者製成多少東西，又再交給另一人管理，出入一樣要詳細記明，

營業處負責人又向成品保管人領用，提出多少，賣出多
少都要隨時清算。自然，這種在進行之初是覺得麻煩
些，但是習慣了不但不麻煩，而且還覺得條條有理。並
且是使社員互相信任的基本辦法。如果事事馬虎，致使
社員互相猜忌，那還成什麼合作社呢？第三是管理要民
主化，什麼事都公開，什麼問題都要拿到會議上討論，
那一位社員都可以發表意見。公開與民主是可以減少管
理上的許多毛病的。

　　關於組織系統，完全依照合作法規的規定。最高是
社員大會，以上是社務會議，由理監事會組成的，其次
是理事會和監事會，但因為這個合作社人數不多，且為
實際上的需要（開會是一種訓練）直到現在止，每次
開會都是全體社員參加。與其說監事監督理事，不如說
是全體社員來監視。現在社員雖已增加一半以上，但每
次開會還是全體參加，開會時期也不怎樣限制，如果沒
有什麼問題，就寧可不開會，形式的會，她們不會感興
趣。有內容的會議，她們都是很踴躍地去參加的。

（五）盈餘分配與社員福利

　　照社章的規定，盈餘分是以百分計算，公積金百分
之三十，公益金百分之十，社員分配金百分之四十五，
職員酬勞金百分之五，股息百分之二，獎勵金百分之
八，在討論公積金時，很多人主張提高，理由是公積金
多，業務才有發展的希望，站在業務上說是不錯的，但
這卻忘記了客觀上的實際情形，這個合作社的組織，雖
不是強迫的組成，但卻是一個一個去拜訪來的，並非社

員自動自覺起來組織，完全是被動的。因此社員對於合作的認識還不夠，對於合作社的信心未堅定。在這半信，半疑的中間，須要設法拿出對她們有利的事實來，而多分盈餘便是一個最好的明證。有的合作社為了要使老百姓樂於來參加，第一年是完全不留公積金的，這是對的，如果第一年組員分不到什麼利益，第二年一定無人肯加入，連社員都沒有了，還談得上業務發展嗎？所以最後的決定還是提高社員分配金，減低公積金到百分之三十。這還不能算少。

　　合作社半年營業的結果，是賺了三倍以上，因為規模極小，社員工作時間，連營業時間在內，一共才做了一千七百一十九小時，除了公積金等等之外，社員分配金一以勞力為分配標準的分配金，每小時平均可得四十八元多，比當時一般的工資要多四倍以上。關於福利方面，社員購買本社出產品，都享受得到折扣，惟數量則略加限制。逢年過節還提出一部份產品分送給各社員家庭應用。在大家決議之下，又決定凡社員出嫁、分娩、父母死亡，合作社都撥給一定的補助金，這不但是為各社員實際的需要，也是培養她們互助精神的一種方法。現在大家都能按照決議做去，物質的幫助並不多，但給每一個社員精神上的鼓勵與安慰則有相當大的作用。

　　自從結賬分紅之後，附近婦女紛紛前來要求加入，但因為合作社的業務並沒有多大擴充，所以只能增加一倍人數。有一位婦女因為沒有答應她入社，回家還哭了一場。這種限制在理論，好像說不通，但業務只能擴充

那麼多，社員便沒有辦法增加太多。業務的擴充原有二個辦法，一是增加股數，和鼓勵社員多供給原料，一是向外貸款，但前者因一般婦女在家庭均缺少經濟權，且都是貧寒之家，實際也做不到。社股雖然已由十五股，增加到二百五十股，但因受物價高漲的影響，這個數目有限得很，何況後者也不是一時便能做到的。這兩個辦法雖然都有困難，但我們相信，只要姊妹們繼續努力仍然可以設法克服的。

根據以上的經驗，在民主合作社的組織方式下，的確收穫了教育的果實，改善提高了她們的生活和認識；少數人所佈的種子是有限的，我們切望熱心的姊妹們回來廣泛地參加耕耘和播種。

（《現代婦女》，第 6 卷第 1、2 期，1945 年）

延伸閱讀

1. 婦女解放與生產力／孫超

   《興仁季刊》，1934 年，第 2 期，頁 18-19。

2. 婦女與職業問題／趙雪瑩

   《興仁季刊》，1934 年，第 2 期，頁 15-18。

3. 女子求學之目的與女子職業之前途／程蕊新

   《興仁季刊》，1934 年，第 2 期，頁 19-20。

4. 婦女回家庭去嗎？／王孝英

   《婦女生活（上海 1935）》，1935 年，第 1 卷 1 期，
   頁 25-27。

5. 娜拉在中國／茲九

   《女青年月刊》，1935 年，第 14 卷 3 期，頁 55-56。

6. 復古與獨裁勢力下婦女的立場／陳衡哲

   《獨立評論》，1935 年，第 159 期，頁 1-5。

7. 怎樣走出家庭？走不出又怎樣？／羅瓊

   《婦女生活（上海 1935）》，1935 年，第 4 卷 7 期，
   頁 1-3。

8. 旋乾轉坤論——由賢妻良母說到賢夫良父／郭沫若

   《婦女生活（上海 1935）》，1937 年，第 4 卷 1 期，
   頁 11-15。

9. 婦女就業和持家的討論（二）／呂翼仁

   《宇宙風乙刊》，1940 年，第 21 期，頁 90-94。

10. 蔚藍中一點黯澹／端木露西

   《大公報》，1940 年 7 月 6 日。

11. 「蔚藍中一點黯澹」之商榷／喻培厚

《大公報》，1940 年 7 月 22 日。

12. 論抗戰中婦女職業問題／雷潔瓊

《江西婦女》，1940 年，第 4 卷第 3、4 期，頁 3-5。

13. 論抗戰中婦女職業問題／雷潔瓊

《廣東婦女（曲江）》，1941 年，第 2 卷第 6 期，頁 30-32。

14. 不平的呼聲／魯琳

《廣西婦女》，1941 年，第 9、10 期，頁 13-14。

民國史料 75

回到家庭去
婦女職業問題討論集（1933–1945）
下冊

Kinder, Küche, Kirche-
Dispute about the Women's Work Right, 1933-1945
- Section II

主　　編	柯惠鈴
總 編 輯	陳新林、呂芳上
執行編輯	林育薇
封面設計	溫心忻
排　　版	溫心忻

出　　版　🛡 開源書局出版有限公司

香港金鐘夏慤道 18 號海富中心
1 座 26 樓 06 室
TEL：+852-35860995

🌸 民國歷史文化學社 有限公司

10646 台北市大安區羅斯福路三段
37 號 7 樓之 1
TEL：+886-2-2369-6912
FAX：+886-2-2369-6990

http://www.rchcs.com.tw

初版一刷	2022 年 8 月 31 日
定　　價	新台幣 400 元
	港　幣 110 元
	美　元 15 元
I S B N	978-626-7157-40-4
印　　刷	長達印刷有限公司

台北市西園路二段 50 巷 4 弄 21 號
TEL：+886-2-2304-0488

國家圖書館出版品預行編目 (CIP) 資料

回到家庭去 : 婦女職業問題討論集 (1933-1945)
= Kinder, Küche, Kirche: Dispute about the
Women's Work Right, 1933-1945/ 柯惠鈴主編 .
-- 初版 . -- 臺北市 : 民國歷史文化學社有限公司 ,
2022.08

　　冊 ;　公分 . -- (民國史料 ; 74-75)

ISBN 978-626-7157-39-8　（上冊 : 平裝). --
ISBN 978-626-7157-40-4　（下冊 : 平裝)

1.CST: 職業婦女　2.CST: 文集

544.5307　　　　　　　　　　　111011538